**그래? 그렇구나!**
심리학으로 알게 되는
우리 아이 속마음

# 그래? 그렇구나!
# 심리학으로 알게 되는
# 우리 아이 속마음

### 4~8세 자녀 교육 가이드

| 차명호 · 이로미 공저 |

학지사

## 프롤로그 1

구름 한 점 없는 날을 우리는 좋은 날이라고 합니다. 많은 사람이 이런 날을 좋아합니다. 그러나 구름 한 점 없는 좋은 날만 계속된다면 아마도 지구는 사막으로 변해 버릴 것입니다.

아름답게 피어나는 꽃을 보고 많은 사람이 예쁘다고 합니다. 그러나 아름다운 그 꽃이 모진 바람을 이겨 냈고, 폭우를 견디어 냈다는 것은 기억하지 못합니다.

나비의 날갯짓을 보고 우리는 자유와 희망을 기대합니다. 그러나 그 애벌레가 고치를 뚫고 나오기까지의 고통을 생각하지는 못합니다.

『그래? 그렇구나! 심리학으로 알게 되는 우리 아이 속마음』은 결과를 중요시하는 부모들의 교육 가치관에 노크를 하는 책입니다. 요즘 아이들은 부모의 뜻대로 자라 주지 않습니다. 아이들을 키우다 보면 많은 위기가 찾아오는데, 이 책에 그 위기를 현명하게 대처

할 수 있는 기본적인 부모교육 지침이 있습니다. 결과를 중요시하는 현대의 부모들이 놓치기 쉬운 감정과 욕구를 다루는 방법과 심리적인 반응 및 소통에 관한 실질적인 방법을 제시합니다.

모든 부모는 "사랑을 다 주고 아이를 양육했다."고 말하지만 정작 아이들에게 물으면 사랑을 받아 본 적이 없다고 말하는 세상입니다. 이 책을 읽는 모든 분이 자녀와 마음을 나누는 것이 무엇인지 알게 되시기를 바랍니다.

또한 이 책을 읽는 모든 분이 세상과 소통하게 되시기를 바랍니다.

2013년
용이동에서 차명호, 이로미

**프롤로그 2**

세상에는 많은 종류의 에너지가 있습니다. 그중 빛을 발하는 능력을 갖고 있는 에너지가 있습니다. 어둠이 소리 없이 우리의 눈 속으로 걸어 들어오는 것처럼 그 에너지는 우리의 두려움 속으로 걸어 들어오기를 좋아합니다. 그리고는 그 빛으로 우리에게 일어나는 수 없이 많은 문제를 쫓아내곤 합니다.

에너지의 언어는 나아갈 길이 답답하고, 두렵고, 외로운 세상에서 그것들을 몰아내기에 충분합니다. 그래서 에너지와 만나는 세상은 살맛 나는 세상이 됩니다.

때때로 우리는 사람들을 만나면서 진이 다 빠지는 듯한 느낌을 받습니다. 그래도 자신이 하는 일이 의미 있다고 믿기 때문에 참아 내려고 애쓰는 것이지요.

거친 세상을 살아가는 우리에게는 매일매일 새로운 에너지가 필요합니다. 자녀를 둔 부모는 더욱더 많은 에너지가 필요합니다. 누구도 자녀를 어떻게 키워야 하는지 가르쳐 주지 않기 때문에 부모는 사랑하는 자녀를 자기 방식대로 양육하고, 자녀가 어려움에 빠지면 무척 당황하면서 어려워하곤 합니다.

　모든 사람이 생김새가 다른 것처럼 부모들은 제각기 다른 방법으로 자녀를 교육합니다. 그러나 자기 가치관만을 고집하기보다는 더 밝은 빛을 경험하고 에너지를 받는 것도 때때로 필요합니다. 자녀 교육에 관해서는 모든 지혜와 에너지가 모아져야 할 것입니다. 『그래? 그렇구나! 심리학으로 알게 되는 우리 아이 속마음』을 만나면서 새로운 에너지를 얻으시기 바랍니다.

　이 책을 읽는 모든 분이 지혜의 에너지를 충전받기 바라며 심리적인 빛과 나란히 손잡고 함께 행복을 나누게 되기를 기대합니다.

2013년
용이동에서 이로미

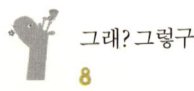

## 차 례

프롤로그 1 / 5
프롤로그 2 / 7

### 1장 인성
*Personality*

인성이란 무엇인가　17
인성이란 이런 것이다　19
도대체 인성이 무슨 일을 하는 것일까　26
인성의 옷을 벗겨 보면?　30
왜 인성, 인성 하는 것일까　33

### 2장 정서 다루기
*Emotion*

감정과 정서는 어떻게 다를까　39
감정은 어디에서 시작되었을까　40
감정 느끼기　47
정서란 무엇일까　50
정서는 성격 유형과 관계가 있다　51
정서는 성별 차에 기인한다　53
정서는 환경과도 밀접한 관계가 있다　56

## 3장
### 책 읽기
*Reading a Book*

책을 읽어야만 하는가  65
책 읽기 교육의 중요한 부분  73
우리 아이는 책과 무엇을 하는가  84
도대체 그 속에 뭐가 있는 거야?  90


## 4장
### 언어교육
*Language Education*

국어교육  101
한자교육  104
언어(외국어)교육  108


## 5장
### 통합적 교육
*Synthesis Education*

유아 발달단계  120
절대음감을 가졌다니(음악)!  145
욕구를 표현하다 억압당하는 아이들(미술)  149
통합적 접근을 위한 그리기 놀이  151
유용한 현장학습 선택  155
내 할 일은 스스로  163

## 6장
## 취미
### Hobby

취미생활  171
취미생활은 에너지 충전  177

## 7장
## 경제교육
### Economic Education

개미와 베짱이  190
용돈 잘 쓰기  201

## 8장
## 달초
### Cane

꼭 때려야 하나!  207
유태인의 달초  216
우리 조상의 달초  220

## 9장
## 성교육
### Sexuality Education

성의 개념  231

## 10장
## 관계
### *Relationship*

관계는 인간의 기본 리듬이다　247
친구　251
동반자적 관계　254

## 11장
## 기회
### *Chance*

기회를 잘 잡는 방법이 있을까　263
기회는 어디서 만들어질까　267
자녀들이 좋아하는 일을 하게 하라　270
하고 있는 일을 공동체와 함께 나누라　271

## 12장
## 꿈
### *Dream*

꿈은 이루고자 하는 하나의 계획이다　277
꿈과 단순한 취미를 어떻게 구별할 수 있을까　280
자녀가 꿈을 꾸게 하는 것 또한 부모의 몫이다　282
꿈이 있다는 것은 특별하다는 의미다　285

참고문헌 / 287

그래? 그렇구나!

**그래? 그렇구나!**
심리학으로 알게 되는
우리 아이 속마음

# *Personality*
## 인성

# 인성

## 인성이란 무엇인가

효주는 고등학교 1학년 여학생입니다. 얼굴도 그만하면 귀염성 있고, 공부도 뒤처지는 편은 아닙니다. 한창 친구들과 웃고 떠들며, 호기심과 재미로 하루하루가 즐거울 나이죠. 그런데 효주의 하루는 곧 장대비라도 내릴 것 같습니다.

새 학기를 맞았지만 어울리고 싶은 친구도 별로 없고, 새로운 학교생활에 기대를 갖기보다는 자꾸만 움츠러드는 자신이 더 싫어집니다.

어쩌다 반 아이들이 모여 깔깔거리며 이야기를 하고 있으면 혹시 자신의 흉을 보고 있는 것이 아닌가라는 생각에 불쾌해지기도 합니다. 또, 간신히 사귄 친구 은영이가 혹시 자기의 단점이라도 알게 되어 자기를 싫어하게 될까 봐 여간 조심스러운 게 아닙니다. 그러니 친구와 관계를 유지하는 것도 너무 힘이 듭니다. 효주에게 아주 친절

하고 적극적으로 다가와 준 은영이는 효주뿐만 아니라 다른 모든 아이와도 좋은 관계를 맺고 있기 때문에 효주는 은영이가 다른 아이를 더 좋아하게 될까 봐 항상 불안합니다. 자기도 다른 아이들에게 다가가고 싶지만 왠지 불편하고 두렵습니다.

이 사례에서 말하고 싶은 것은 무엇일까요?
인성이란 과연 무엇일까요?

사람은 태어날 때부터 어떤 본능을 가지고 있습니다. 이 본능은 양육자 및 환경과 상호작용하여 성격을 형성합니다. 그리고 이 성격을 바탕으로 개인이 움직이면서 나타내는 개인의 품격을 인성이라고 합니다.

즉, 인성은 주체적인 개인이 '여러 가지 환경에 반응하는 일관된 특성과 질'을 말합니다. 그래서 인성교육이란 '정서를 포함한 바람직한 인간으로서의 성품을 가지도록 하는 교육'을 말합니다.

긴 인생을 살아가는 동안 좌절 속에서도 노력하여 성공적인 삶을 사는 사람들이 있습니다. 어려움 속에서도 행복한 생활을 하는 사람들이 있습니다.

반면에, 사회적으로 보기에는 우월한 성취를 이루었지만 항상 열등감을 느끼며 사는 사람들도 있습니다. 경제적으로 성공하고서도 끝없이 돈 버는 일에 목말라 하는 사람들도 있습니다. 왜 그럴까요?

같이 있는 것만으로도 기쁜 사람이 있고, 왠지 모르게 불편한 사

람이 있습니다. 모든 사람을 편안히 대하고 누구하고나 쉽게 교제를 하는 사람이 있는가 하면, 여러 사람 가운데 속하기를 꺼리고 인간관계를 제대로 유지하지 못하는 사람이 있지요.

사람들을 만나다 보면 아무 이유 없이 어떤 사람 때문에 기분이 좋기도 하고, 기분이 상하기도 하는 것을 경험합니다. 아무 말도 하지 않는데도 부드러움이 느껴지는 사람이 있는가 하면, 아무리 많은 말을 해도 시끄럽기만 한 사람도 있습니다.

또 어떤 사람은 아무런 대화를 나누지 않아도, 관련된 공통점이 없어도, 나에게 특별히 잘해 주는 것이 없어도 그저 편안하고 함께 있어 좋은 사람이 있습니다. 왜 그럴까요?

사랑하는 마음과 재채기는 감출 수 없듯이, 우리의 인성도 그러하답니다. 사랑하는 마음을 감추고자 해도 감출 수 없고 재채기를 참고자 해도 참을 수 없듯이, 인성은 애를 써도 적나라하게 드러나기 때문입니다.

## 인성이란 이런 것이다

인성은 포장할 수 없는 감성과 생리적 표출을 망라하고 있습니다. 간혹 자녀교육 강의를 하면서 수강생들에게 "인성이 무엇인가?"라는 질문을 할 때가 있습니다. 그리고 그때마다 대부분의 수강생이 국한된 사고를 가지고 있는 것을 쉽게 발견합니다. '효'와 '예'를 인성이라 생각하고 있는 사람들이 많기 때문이지요. 그러나

'효' 와 '예' 는 인성의 작은 부분에 불과합니다.

　인성이란 빙산과 같은 모양을 하고 바닷속에 잠겨 있는 것처럼 우리 안에 깊숙이 잠겨 있습니다. 수면 위로 드러나는 부분은 대부분 긍정적인 것입니다. 그래서 우리는 저마다 이 드러난 부분만을 사람들에게 보이며 살고 싶어 합니다.

　그러나 우리에게 누군가 필요할 때, 혹은 자신의 마음에 드는 사람을 만났을 때 그들과 접촉하면 할수록 '나' 라는 실체가 드러납니다.

　처음에는 어느 정도 자신을 포장하고 부정성을 감출 수 있을지 모르지만, 얼마 지나지 않아 자신의 안에 깊이 잠재해 있는 부정적인 부분들이 항상 문제를 일으키며 우리 자신과 상대방을 곤혹스럽게 합니다.

　수면 밑으로 가라앉아 있는 빙산의 모양과 크기는 모두가 다릅니다. 어떤 사람들은 많은 부분이 수면 위로 올라와 있기도 하고, 어떤 사람들은 바다표범이 물속에 잠겨 코만 내밀고 겨우 숨을 쉬고 있는 모습처럼 아주 작은 부분만을 수면 위에 내어놓고 살아가기도 합니다.

　인성은 한 개인이 세상을 살아가는 방법이기도 합니다. 모든 인간의 얼굴 모양이 다른 것처럼 사람들이 살아가는 방법은 다를 수밖에 없습니다. 왜냐하면 인성이란 성품과 맥락을 같이하기 때문입니다.

　사고를 통해서 작은 버릇들이 모여서 습관이 되고, 습관은 되풀이 되면서 성격이 됩니다. 그 성격들이 성품을 만들고 그것이 우리가 말하는 인성인 것입니다. 그리고 인성은 곧 그 사람의 품격을 지칭하는 것입니다. 인성은 교류를 통해서 형성됩니다. 그러므로 누군가 내게 인성을 한마디로 말하라고 한다면 나는 인성을 교류(의사소통)라고 말할 것입니다. 인성이 만들어지는 경로가 주양육자와 외부 환경의 교류(의사소통)이며, 어린 시절 외부 환경과의 의사소통으로 만들어진 인성에 의해 세상과 교류하며 살아가는 패러다임이기 때문입니다.

아이가 태어나면 처음에는 자아가 없는 상태입니다. 유아는 3세가 지나야 자아가 형성되기 시작합니다. 태어나서 3세 이전의 시기에는 자아가 분열되어 있습니다. 유아를 둘러싸고 있는 가족에 의해 '나'라는 존재가 하나씩 생겨납니다.

"아이고, 우리 예쁜 공주, 예쁘기도 해라."
라고 부모가 말하는 소리를 들으면 유아는,
'아하, 나는 예쁜 아이구나!'
라고 생각하며 자기를 만들어 냅니다.

젖을 물리는 부모가 아이에게,
"우리 공주는 잘 먹어서 예뻐. 많이 먹고 건강하게 잘 자라라."
라고 합니다. 그러면 유아는,
'아, 나는 잘 먹어서 예쁜 아이구나!'
라고 생각합니다. 그러면서 또 하나의 자아를 만들어 내는 것입니다.

그래서 많은 아동심리학자가 인성의 80%가 3세 이전에 만들어진다고 말하는 것입니다. 한편, 교류분석심리학에서는 6세까지 성격의 80%가 완성된다고 합니다. 하지만 초기 3, 4세까지 주양육자에 의해 성격이 형성되며, 6, 7세까지 주요 세부사항을 완성한다고 주장함으로써 역시 초기의 교육이 중요함을 강조합니다.

그리고 완성된 자신의 성격을 12세까지 실생활에 부딪히는 실습을 통하여 자기 것으로 만드는 다듬기 작업을 합니다. 즉, 사춘기 시기는 이미 만들어진 성격을 확대하는 심화과정의 시기라는 것입니다. 아이가 느끼기를 시작할 때, 즉 듣는 귀가 아직 발달하지 않은 태아 시기부터 아이의 인성은 만들어지고 있는 것입니다.

우리나라의 속담 가운데 '세 살 버릇 여든까지 간다.' 라는 말이 있습니다. 이 말은 세 살까지 형성된 성격으로 여든까지 산다는 말입니다. 이 말을 더 강하게 표현한다면 한 인간의 인성은 그를 양육한 주양육자(대부분 어머니)가 만드는 기막힌 작품인 셈이라는 것입니다.

교육에 관한 연구를 할 때 빼놓을 수 없는 대표적인 민족이 있습니다. 바로 유태인입니다. 유태인의 교육방법은 아주 특별합니다. 계보를 따질 때 '씨'를 중요시하지 않습니다. '교육'을 중요시합니다. 즉, 아버지가 유태인이고 어머니가 외국인일 때 그 자녀는 유태인이 아닙니다. 그러나 아버지가 외국인이라도 어머니가 유태인이면 그 자녀는 유태인으로 인정합니다. 또한 한 유태인 가정이 유색인종의 어린아이를 입양하여 어머니가 그 아이를 양육하면 유태인의 계보를 따를 수 있습니다.

그래? 그렇구나!

이처럼 유태인 계보는 어머니가 아이를 품에 안고 젖을 물리면서 그들의 종교와 문화, 감성, 그리고 삶의 태도를 주지시키는 교육에 의해 정해지는 것입니다. 그들은 어머니가 그 자녀를 가르치고 한 인격체를 만드는 것임을 인정합니다. 유태인은 3세 이전의 교육을 황금기라고 합니다. 아무것도 알지 못하는 생후 3년의 시간이 그의 생애의 방향을 결정짓고, 그의 생애의 태도를 결정짓는다고 생각하는 것 같습니다.

유태인의 어머니들은 '바람만 스쳐도 자극이다.' 라는 말을 마음에 새기며 자녀의 뇌 속 컴퓨터에 기억장치들을 만들어 줍니다. 어머니상의 기본틀은 양털처럼 부드럽고 혀끝을 녹이는 것처럼 달콤합니다.

이런 모습은 우리 정서와는 많이 다르지요. 우리 선조들의 어머니상은 엄격합니다. 유교사상을 따라야 했고, 유모가 자녀를 키우는 제도 속에서 살았기 때문에 그 어머니가 강하게 대응하지 않고서는 자녀를 쉬 다룰 수 없었습니다.

이와 같이 인성은 대부분 정신적인 영역입니다. 정신적 영역이라 함은 통합된 사고 안에서 정서와 감정을 행동으로 수반하는 영역으로 양심, 지능, 정조, 용기, 성실, 협동, 문제해결, 사랑, 자아정체성, 자존감, 신념, 가치관, 배려, 인정, 이해, 인내, 소망, 봉사, 건강, 성, 경조, 도덕, 문화, 예술, 경계, 종교, 철학 등으로 간추려 생각해 볼 수 있습니다.

또한 인성에서 물리적인 영역도 배제할 수는 없습니다. 인성은 때때로 물질 앞에서 단호한 모습을 보이기 때문입니다. 그것은 사고와 정서가 행동으로 나타나는 경로를 가지고 있습니다.

특히 경제와 관련된 영역이 그러합니다. 경제에 대한 내용은 뒤에서 다시 언급하기로 하고 여기서는 다루지 않겠습니다.

그 외에도 많은 부분이 있으며, 이 개념들은 매우 복잡하면서도 서로 연결되는 그물망을 형성하고 있기 때문에 따로 하나의 주제로 다루어야 한다는 것에 양해를 구합니다.

이 책에서는 인성이 무엇인지, 그 개념과 인성교육이 중요한 이유를 토대로 인성에 대한 이야기를 하려 합니다.

인성의 부분 개념들은 인간이 성장함에 따라 적절한 통합을 이루기도 하고 부적절한 병리를 유발하기도 하여 문제를 해결해야 하는 상황들을 제기합니다.

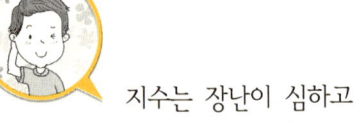

지수는 장난이 심하고 성격이 급한 남자아이입니다. 아무 이유 없이 장난을 치고, 항상 웃는 표정으로 언제나 만사가 즐겁기만 합니다.

그러나 문제는 주위 친구들이 속상해하며, 매일 여자아이 한 명씩은 우는 일이 발생하는 것입니다. 선생님이 아무리 혼을 내고 주의를 주어도 그때뿐이고, 힘이 세고 태권도를 잘하는 지수에게 아무도 싸움으로 상대하고 싶어 하지 않습니다.

어느 날은 태연이가 학교에서 집으로 전화를 했습니다.

"엄마, 나 집에 못 가." 울먹이는 목소리입니다. 자초지종을 물어보니 신발을 찾지 못해서 집으로 올 수 없다고 했습니다. 나중에 안 일이었지만, 지수가 태연이의 신발을 옥상에 감춘 것입니다. 지수 엄마가 학교로 호출되어 지수에게 신발을 찾아내도록 하고 나서야 태연이는 신발을 신고 집에 올 수 있었습니다.

저녁에 지수 엄마가 태연이 엄마에게 전화를 했습니다. 미안해하면서도, 자기 자식이지만 정말 모르겠다고 하며 오히려 하소연을 하였습니다. 보습학원이 아니라 성격을 바로잡아 주는 학원이 있다면 당장이라도 보내고 싶다고 하였습니다.

지수의 정서는 인간이 가지고 있는 기본 감정 중 기쁨(쾌락)에 머무르고 있는 것입니다. 하지만 지수가 성인이 되어서도 지금의 모습을 하며 살아가지는 않을 것입니다.

초등학교 4학년의 발달단계가 아직 미성숙한 부분을 드러내고 있는 것은 사실이지만, 우리는 그것을 병적으로는 보지 않습니다.

그러나 지수가 적절한 자기발달단계의 과업을 수행하지 못하고 자신을 즐겁게 하기 위한 일들만 생각하는 것이 습관화된다면, 그리고 이것이 품성으로 꼴 지어진다면 성인이 되어서도 주위 사람들을 불편하게 할 것이라는 것을 우리는 쉽게 짐작할 수 있습니다.

사회생활을 하는 많은 성인이 지수의 모형을 그대로 재연하고 있는 사례들은 얼마든지 찾아볼 수 있습니다. 단지 그 모양과 주제가 다를 뿐입니다.

## 도대체 인성이 무슨 일을 하는 것일까

인성은 내면에서 표출되는 성격으로, 대표적인 것이 정서이며 감정입니다. 한 인간을 바라볼 때 첫인상에서도 인성은 드러납니다.

통합된 사고 안에서 정서와 감정이 행동으로 나타나는데, 그것이 그 사람의 성격이며 인성인 것입니다. 그것은 느낌에 가장 가깝습니다.

정서는 유기체가 어떤 사물이나 사건에 부딪칠 때 수반되는 분위기라 할 수 있으며, 가장 먼저 느끼는 기분입니다. 원초적인 감정을 불러내는 통로이기도 합니다.

우리는 어떤 사람이 정서적으로 안정된 사람이라 한다면, 왠지 그 분위기가 차분하고 정돈된 느낌일 것이며, 그 사람은 부드럽고 편안한 사람일 것이라고 짐작합니다.

반대로 정서가 불안정한 사람이라 한다면, 우리는 그 사람을 만나 보지 않았어도 불안정한 느낌을 받고, 통합되지 못한 사람이라는 생각을 하며, 그 사람 곁에 있는 것이 부담이 되거나 무엇이든 조심해야만 할 것 같은 생각을 하게 됩니다.

인성교육은 인간을 인간 되게, 또는 인간답게 하는 교육입니다. 즉, 인간을 관계 안에서 행복하게 살 수 있도록 하는 것입니다. 인간은 먹지 않으면 살 수 없습니다. 다섯 가지 기초식품군으로 분류해 본다면, 인성이란 비타민과 같은 역할을 해 주는 셈입니다. 겉보기에는 제법 그럴싸한 체격과 얼굴을 가지고 있어도 그 입에서 나

그래? 그렇구나!

오는 말과 행동이 나이나 지위에 맞지 않는 사람들을 쉽게 만날 수 있습니다. 바로 인성이 제대로 형성되지 못했기 때문입니다.

잘 형성된 인성은 자신의 존재가치를 이해하고 수용하게 합니다.

정민이는 12세입니다. 초등학교 6학년이지요. 긍정적이고 적극적인 사고를 가지고 있어서 친구들에게 인기가 많습니다. 반장이어서 선생님을 잘 도와드리고, 같은 반 친구들이 서로 단합하여 행복한 학교생활을 할 수 있도록 열심히 노력합니다. 혹 실수를 한다 해도 그 실수를 인정하고 부끄러워하거나 위장하려고 하지 않습니다. 더 좋은 방법을 생각하며 오히려 기회로 삼습니다.

친구들이 정민이를 높이 평가하는 일은 또 있습니다. 개방적인 사고를 하는 것입니다. 반 아이들의 의견이 서로 대립될 때 정민이는 한쪽 말에 휩쓸리지 않습니다. 반대의견과 찬성의견, 그리고 그 외 또 다른 의견까지 귀를 기울여 줍니다. 정민이처럼 자기이해와 자기수용을 하는 사람은 자기개방이 자연스럽습니다. 실수가 기회가 되지, 실수가 자기비하가 되지 않습니다. 솔직하기에 더욱 신뢰가 갑니다. 이런 정민이가 친구들의 의견을 조합하여 자기주장을 하면 반 친구들은 이상하게 정민이의 말대로 다 따라 줍니다. 반대했던 친구들도, 다른 의견을 가지고 있었던 친구들도 어느새 하나가 되어 있습니다. 그런 정민이를 친구들은 아주 좋아합니다.

47세의 ○○회사 김 과장은 도무지 속을 알 수 없는 사람입니다. 직원들이 어쩌다 하는 작은 실수에도 발끈하며 그냥 지나가는 일이 없습니다. 그러면서 부하직원 중 서 이사의 조카에게만은 유독 친절합니다.

얼마 전 서 이사의 조카가 대형사고를 쳤는데도 김 과장은 쉬쉬하며 일을 덮어 버렸습니다. 그 일로 다른 직원들이 많은 어려움을 당했는데도 아무도 따져 드는 직원이 없었습니다. 잘못 대들었다가는 더 험한 꼴을 당할지도 모른다고 생각했기 때문입니다. 직원들은 늘 김 과장의 기분을 살펴야 하고, 그러다 보니 일의 창의성이나 추진력도 다른 부서만 못 합니다.

김 과장은 행정적인 일처리를 할 때도 자기 방식을 고집하며, 직원들을 몰아치기 일쑤입니다. 사장님이나 이사님들에게 싫은 소리를 들은 날은 모든 부하직원이 안절부절못합니다. 무슨 핑계를 대서라도 김 과장 곁에서 멀리 떨어져 있으려 합니다.

두 사례는 사람의 성격, 즉 인성이 집단사회에서 주변인들에게 어떻게 영향을 주는지 살펴볼 수 있는 예입니다. 자기이해, 자기수용, 자기개방이 되지 않은 사람이 자기주장을 강요할 때 그 집단의 분위기는 김 과장의 부하직원들과 같게 됩니다.

이런 사람은 자기와 관계되는 모든 사람의 권익을 무시하고 자신만 위하여 일하는 것처럼 보이지만, 실상은 자기와 관계되는 모든 사람과 자기 자신도 망가트리고 있는 사람입니다.

우리 사회에 있는 많은 집단이 자기주장을 합니다. 하지만 진정 자기이해, 자기수용, 자기개방을 할 수 있는 인성을 소유한 사람들은 자기주장을 할 때 논리적이고 지혜롭게 합니다. 자신을 포함한 모두에게 유익한 주장을 하는 것입니다.

인성교육은 한 인간이 자신의 존재가치를 이해하고 수용하여 자신의 꿈을 사회 속에서 실현할 수 있도록 합니다. 인간답게 살아갈 수 있도록 도와주는, 인간됨을 위한 일종의 가치교육입니다.

인성(人性)이란 곧 인간의 성품(性品)이고, 성품은 사람의 성질(性質)과 품격(品格)입니다. 여기서 성질은 마음의 바탕이고 품격은 사람의 '됨됨이'를 말합니다. 따라서 인성교육은 한편으로는 마음의 바탕을 교육하고, 다른 한편으로는 사람의 됨됨이를 교육하는 것입니다.

마음의 바탕은 지(知: 앎), 정(情: 느낌), 의(意: 다짐)로 구성되는데, 이러한 인간의 지, 정, 의를 교육하는 것이 마음의 교육입니다. 다시 말하면 지, 정, 의가 조화롭고 통합되게 발달하도록 교육하는 것이 인성교육입니다.

지(知: 앎)는 발달단계에 맞추어 가정과 학교 등에서 실시하는 통합적인 교육을 말하며, 의(意: 다짐)에 대한 것은 '사람으로서 지키고 행하여야 할 바른 도리'로써 이 책의 부분 부분에서 다루고 있습니다. 따라서 정서에 대한 이야기를 좀 더 자세히 하려 합니다.

## 인성의 옷을 벗겨 보면?

인성의 옷을 벗겨 보면 그 속에 어떤 것들이 있을까요?

사람이 입고 있는 옷을 벗기면 몸이 드러납니다. 피부색이며 흉터, 점, 어깨 모양, 허리선 등 몸의 각 부분이 적나라하게 보입니다.

인성의 옷을 벗겨 보면 그 속에 있는 인간의 발달과정이 드러납니다. 태아에서부터 성인이 될 때까지의 모든 역사가 인성의 옷 속에 감추어져 있습니다.

교육이나 상담은 반드시 목적이 있습니다. 그것은 변화입니다. 따라서 교육이나 상담을 받으면 무엇인가 달라지는 것이 있어야 합니다. 한 인간의 자율성을 회복하고 자기주도적인 삶을 살 수 있는 에너지는 발달과정을 회복시킬 때 가능하다고 생각합니다.

특히 영·유아 발달단계와 청소년 발달단계는 이런 이유로 중요합니다. 보다 긍정적인 모습의 부모가 되고 싶지 않은 사람은 아마 없을 것입니다. 하지만 아이의 발달단계를 모르는 어머니는 대부분 부정적인 결과 앞에서 안타까워할 수밖에 없습니다. 교육자들이 흔히 말하는 '눈높이'가 맞지 않기 때문에 부모는 최선을 다했지만 아이들은 '아니다'라고 말하는 것입니다.

눈높이가 맞지 않을 때 어떤 일이 벌어지는지 다음의 이야기를 통해 살펴보고자 합니다.

 하루는 두루미가 여우를 저녁식사에 초대하였습니다. 여우는 기분이 매우 좋았지요. 그날따라 시간이 정말 더디 가는 것 같았습니다. 많은 기대 속에서 여우는 두루미의 집 대문을 두드리게 됩니다. 여우가 오기를 학수고대하던 두루미는 신발도 신지 않고 뛰어나가 여우를 맞습니다. 두루미는 친절하게 말을 건네며 여우를 식탁으로 안내합니다. 그러나 식탁에 안내된 여우의 얼굴이 갑자기 변합니다. 두루미는 여우에게,

"너를 위해 정성껏 차렸으니 맛있게 먹어."라고 합니다. 두루미는 주둥이가 긴 병들 속에 담긴 음식을 '쩝쩝' 입맛을 다시며 먹습니다.

갑자기 여우가 의자를 박차고 일어납니다(〈이솝이야기〉 여우와 두루미 중에서).

우리가 아이의 발달단계 과정을 알지 못할 때 흔히 이 사례의 두루미와 같은 실수를 하게 됩니다.

부모가 아이에게 최선을 다해 가장 좋은 것을 준다고 하지만 아이의 입장에서는 너무 많아서 도저히 받아먹을 수 없는 것입니다. 참다운 눈높이란 두루미가 여우를 위해 넓은 접시에 음식을 담아주는 것입니다.

물론 그릇은 방법에 불과합니다. 부모들은 속에 들어 있는 것의 질이 더 중요하다고 생각하기 쉽지요. 그러나 내용물은 적절한 방법에 따라 제시할 때 그 가치가 있습니다. 여우가 좋아하는 음식을 두루미가 요리하였을지라도 그것을 제시하는 방법이 맞지 않기 때문에 여우는 먹을 수가 없는 것입니다. 배가 고픈 여우가 자신이 가장 좋아하는 요리 냄새가 호리병에서 솔솔 나오는데도 먹지 못할 때 그 기분은 어땠을까요? 여우가 두루미와 좋은 관계를 맺을 수 있다고 생각하는 사람은 없을 것입니다. 반면, 두루미가 접시에 음식을 담아 여우에게 대접했다면 둘이 어떤 모습으로 그 저녁식사 시간을 보냈을지 쉽게 상상할 수 있을 것입니다.

가족놀이 중에 좋은 영화를 관람하는 프로그램이 있습니다. 우리 가족은 영화관에 갔을 때 네 명 모두 각각 다른 영화를 볼 때가 있습니다. 자연스럽고 바람직하다고 생각하기 때문에 그렇게 하는 것입니다. 그러나 획일적인 사고를 하는 적지 않은 부모들은 가족이 다 함께 영화를 보러 갔으면 서로 합의를 거쳐 함께 봐야 한다고 말할 것입니다.

그래? 그렇구나!

가족의 응집력을 북돋우기 위한 가족놀이로 영화 관람을 선택했다면 합의를 거쳐 선택한 하나의 영화를 보는 것이 맞습니다. 그러나 문화와 취미, 예술 등을 목적으로 하는 가족놀이에서는 개인의 흥미와 가치를 더 존중해야 하는 것입니다.

아이를 교육하는 모든 부모와 교육자는 자기 앞에 서 있는 아이에 대해 자신이 얼마나 알고 있는지를 먼저 고민해야 합니다.

### 왜 인성, 인성 하는 것일까

그렇다면 왜 인성, 인성 하는 것일까요?

피아제는 3세 이전에 인성이 형성된다고 주장합니다. 만일 인성이 잘못 형성된다면 그것은 개인에게는 병리로 나타나고, 환경적으로는 주위 사람을 힘들게 하는 문제행동과 사회를 공격하는 반사회적 성향으로 나타납니다. 그래서 인성교육의 중요성을 주장하는 것입니다.

이 세상에 태어나는 모든 인간은 생의 목적을 '행복'에 두고 자신의 모든 조건을 활용하여 이 욕구를 이루려 합니다. 모든 인간은 행복할 권리가 있고, 사회 구성원 모두가 함께 잘 살아가는 복지사회 구현을 목표로 삼고 있습니다. 인간은 사회적 동물이기 때문에 우리는 더불어 살아갈 수밖에 없고, 그 속에서 자신의 참된 가치를 느끼고 행복을 추구하는 속성을 내재하고 있습니다.

그러나 우리는 '행복'보다 '성공'을 상위에 두는 경향이 있는 사람들을 흔히 봅니다. '행복'은 '성공'한 후에 만들면 되는 것이고, 성공을 하면 어느 정도 자신의 욕구를 실현한다는 의미에서 행복하지 않겠느냐는 것입니다. 그러나 이것은 순서가 바뀐 것이지요. '성공'한 사람들이 '행복'을 만들 수 있다는 것은 많은 부분에서 잘못된 생각이라는 것을 보여 주는 사례가 있습니다.

한 치과의사 부부가 있었습니다. 시 단위에서 개인의원을 차려 돈도 많이 벌고, 어느 정도 명성도 얻었습니다. 주위 사람들이 보기엔 '성공'한 사람들이었고, 부러움의 대상이었습니다.

그런데 어느 날 그 부부가 치과를 그만두고 외국으로 이민을 간다는 소식이 들렸습니다. 이야기를 들어 본즉, 아침부터 어두워질 때까지 일을 하고 나면 집에 돌아가서 피곤한 몸을 쉬게 하기 바쁘고 개인적인 여가시간도 잘 낼 수 없다는 것입니다. 무엇보다 적성과 맞지 않아서 일하면서 그 어떤 인생의 의미를 찾을 수도 없고, 일하는 것이 즐겁지 않다는 것이었습니다.

마음도 항상 불안해서, 며칠 전 치료를 받고 간 사람이 와야 할 날짜가 아닌데 문을 열고 들어오면 가슴이 '철렁' 내려앉는다고 합니다. 새로 한 이가 맞지 않는다며 행패를 부리는 사람이 있는가 하면, 술을 잔뜩 먹고 와서 "다시 내 이빨 내놔!"라고 하며 술주정을 하는 사람도 있고, 다짜고짜 멱살을 잡고 생트집을 잡는 사람도 많다는 것입니다.

이러다가는 제명대로 못 살 것 같고, 말도 안 되는 싸움에 시달리는 것에도 넌더리가 난다고 했습니다.

이처럼 우리는 성공했다고 하는 많은 사람이 행복하지 못한 생활을 하는 것을 쉽게 볼 수 있습니다.

우리 부모들이 누구나 한번쯤 꾸는 꿈은 자신의 아이가 서울대 ○○과에 들어가는 것, 의사가 되는 것, 판사·검사·변호사가 되는 것, 고시에 합격하거나 고급공무원이 되는 것입니다.

아이가 중학교에 가서 첫 중간고사를 치르면 많은 부모가 꾸던 꿈에서 깨어나 아이들을 채찍질하거나 '튼튼하고 건강하게만 자라다오.'로 마음을 바꾸게 되지요.

유아기 아이에게 부모와의 환경이 어떻게 자극과 반응을 주었는지에 따라서 아이의 인성, 즉 환경적 성격과 사회적 성격이 형성되고, 아이는 그것을 토대로 자아를 형성하며 성인이 되어 갑니다.

또한 한 번 결정지어진 성격은, 가변적인 부분도 있지만, 쉽게 변하지 않는 특성을 가지고 있기 때문에 심혈을 기울여 인성 형성 과정을 수행해야 하는 것입니다.

*Emotion*

## 정서 다루기

# 정서 다루기

## 감정과 정서는 어떻게 다를까

정서(情緖, emotion)의 개념은 '사람의 마음에 일어나는 여러 가지 감정'입니다. 그리고 감정(感情, feeling)은 사람이 오감이 아닌 다른 방식으로 느끼는 것으로 기쁨, 슬픔, 즐거움, 노여움 등을 말합니다.

심리학자들은 정서에 관해 간단하고도 포괄적인 정의를 내리지는 못했으나, 정서가 한 개인의 환경과 상황에 대한 인식, 신체적 반응, 그리고 접근 혹은 회피 행동을 다양하게 수반한다는 데 대체로 의견을 같이하고 있습니다.

정서는 감정과 유사하지만, 감정은 부분적이고 정서는 통합적이기 때문에 여기에서는 둘을 따로 생각해 보려고 합니다.

## 감정은 어디에서 시작되었을까

　감정, 즉 느낌은 생명의 태동에서부터 시작합니다. 그리고 유아는 출생 후 36개월 동안 감정의 홍수 속에 존재합니다.
　어머니의 배 속에서 태아는 인간이 최초로 가지는 네 가지 순수한 기본 감정인 기쁨, 슬픔, 화(분노), 두려움을 느낄 수 있습니다. 듣고 말하는 기능이 형성되기 전에 어머니의 일거수일투족뿐만 아니라 생각과 감정을 느낌으로 받아들이고 발달시킵니다.
　말하지 못하는 어린아이일수록 눈치가 재빠른 것을 흔히 보게 됩니다. 이것은 살아남기 위한 방어기제로, 감정의 안테나를 높이 올리고 거기에 모든 촉각을 기울여 반응하기 때문입니다. 이처럼 태어나서 처음 반응하는 네 가지 순수한 감정에는 그 어떤 사고나 계산도 섞여 있지 않으며, 그것은 단지 하나의 생계 수단에 불과합니다.
　자아가 형성되기 시작하면서 아동은 어머니로부터 분리를 경험합니다. 맨 처음 어머니와 분리되는 시점은 태아가 세상 밖으로 나오는 순간입니다. 그리고 어머니의 배 속에서 나와 어머니의 가슴에서 그 생명을 유지하게 됩니다. 그다음은 어머니의 가슴에서 어머니의 무릎으로 서서히 조금씩 분리작업을 하게 되지요. 이후 어머니의 무릎에서 어머니의 앞으로 내려와 독자적인 자리를 차지합니다.
　그러나 아기가 독자적인 자리를 차지했다고 하여도 얼마 동안은 어머니를 떠나지 못하고 여전히 어머니 주위를 맴돌며 그 안전성을 시험하게 됩니다. 그리고 가장 안전하다고 느낄 때부터 놀이와 자극에 반응하며 자아를 발달시키기 시작합니다. 사실 아이 스스로 어머니의 주위를 맴돌면서 자아를 찾으며 어머니를 떠나기 위해 분리작업을 하는 이때가 어머니의 실수도 가장 많은 때인 것 같습니다. 아이 스스로 놀 수 있다고 생각하기 때문입니다. 그러나 이 단계에는 어머니가 옆에 붙어 있어야 합니다. 어머니가 안전하게 망을 쳐 줘야 아이가 그 안에서 안심하고 정상적인 발달, 즉 자아형성 및 어머니와의 분리를 안전하게 할 수 있기 때문입니다.

한 인간의 인성을 한 장의 그림에 빗대어 설명하면 좀 더 쉽게 이해할 수 있을 것 같습니다. 한 인간의 성품을 한 장의 그림이라고 보았을 때 정서는 밑그림(스케치)과 같습니다. 즉, 인성은 가장 어린 시절 그를 양육한 어머니(주 양육자)가 그린 밑그림대로 만들어집니다. 그 그림의 분위기는 다시 말하면 어머니의 사고 안에 있는 배경지식(schema)과 의사소통 방법, 그리고 주 생활 방식입니다.

대부분의 경우 정서는 그 부모와 교육환경을 본뜬 것처럼 만들어집니다. 수많은 부모가 자녀에게,

"너는 누굴 닮아 그 모양이냐?"

라는 말을 하지만, 그 말은 부모 자신에 대한 자문이자 자답이 될 것입니다. 세상에 태어나는 모든 인간은 어린 시절부터 보고 듣고 말하고 느끼는 것들과 그것에 대한 자극 및 반응으로 정서를 만들어 내기 때문입니다.

유치원이나 초등학교에 입학하는 아이들의 행동 특성을 보고 선생님은 그 부모가 어떤 사람인지 짐작합니다. 선생님 앞에서 아무리 멋진 옷을 입고 고상한 척하여도 그 부모의 실상은 아이라는 거울을 통해 나타납니다. 그러므로 모든 부모는 자기가 양육한 아이들의 모습을 통하여 자기 실체를 확인하는 것이 정확한 답이 된다는 것을 기억해야 합니다.

지금부터는 감정, 즉 느끼기에 대해 살펴보도록 하겠습니다.

초등학교 국어교과에 '듣기·말하기·읽기·쓰기'가 있습니다. 누군가 제게 초등학교 국어교과를 편찬하는 데 조언을 구한다면 저는 서슴없이 '듣기' 앞에 '느끼기'를 집어넣을 것입니다.

느끼기는 국어학습의 기본작업입니다. 느끼기를 잘해야 듣기가 제대로 되는 것은 두말할 필요가 없습니다. 듣는다는 것은 다른 사람의 말을 단순히 표면적으로 이해하는 작업이지만, 느낀다는 것은 다른 사람의 말 속에 담긴 '메시지'를 이해하는 것입니다. 이때 말하는 사람의 억양과 표정, 몸짓 등 세부적인 사항을 느낄 수 있어야 메시지를 가장 정확하게 이해할 수 있습니다.

또 어떤 메시지는 육성이 없는 메시지가 있습니다. 즉, 말하기 곤란할 때나 상대와 어울리고 싶지 않을 때는 표정이나 몸짓으로 메시지를 전하는 때도 있습니다. 그런 것은 느낌으로 읽어 내는 수밖에 도리가 없습니다.

초등학교 이상의 단계에서는 느끼기 학습을 할 수 있는 시기를 찾기가 쉽지 않습니다. 아이가 엄마 손을 잡고 아장아장 걸을 때가 자연을 체험하면서 느끼는 작업을 하기 가장 좋은 때입니다.

이보다 더 쉽게 느끼기 수업을 할 수 있는 시기는 아이가 엄마 품 안에 있을 때입니다. 이때는 발달단계의 특성상 외부에서 차단하지만 않으면 자기공과를 수행하기 위해서 느끼기에 전념합니다. 때때로 어머니와 외부 환경이 그것을 인위적으로 차단하기 때문에 발달에 장애를 가져오는 것이지요.

마지막으로, 되풀이되는 말이지만 느끼기를 가장 발달시키는 시기는 태아의 시기로 두말할 필요가 없습니다. 이 시기에는 어머니의 배 속에서 아무것도 볼 수 없는 태아가 모든 것을 활용해서 원초적 힘을 발휘하여 느끼기를 하기 때문입니다.

"인성교육에서 어느 시기가 가장 중요한가?"라는 질문을 할 필요가 없는 것입니다.

그러나 어린아이가 부적절한 환경이나 주양육자의 무지 혹은 부정적 가르침 때문에 건강한 발달을 실패했을 경우라도 다시 한 번 '새로 고침' 할 수 있는 시기가 있습니다. 바로 유치원 때와 초등학교 저학년 때입니다. 이 시기에는 감정, 즉 자신에 대한 느끼기를 알아차리는 활동이 어렵지 않습니다.

이 시기에 아이들은 물활론 사고를 하기 때문에 유기체뿐만 아니라 모든 사물에도 자기와 똑같은 생명이 있다고 사고합니다. 그래서 지나가다가 문지방에 걸려 넘어지면 문지방을 때리면서 "너 때문에 아프다."라고 말하는 것입니다.

이 시기의 유아는 모든 유기체로 변신할 수 있습니다. 무엇인가

'되어 보기'가 가능한 시기인 것이지요. 변신은 자연물부터 실생활에서 흔히 볼 수 있는 사물까지 가능합니다. 실제로 아이들은 비구조화된 놀이를 할 때 이와 같은 작업을 합니다.

어른들은 이해할 수 없고 신기한 부분이지만, 아이들은 스쳐 지나가는 바람에도 반응을 하는 것입니다.

어른들은 "참 시원하다."로 끝이지만, 아이들은 그 바람의 주인공이 되어 상상의 나래를 펴기도 하고 그 느낌을 다른 어떤 것과 연결짓기도 하면서 매우 다양한 감정을 키우고 그 감정을 다스립니다.

부모교육을 강의하면서,

"우리 아이는 엉뚱한 생각을 너무 많이 해서 걱정이에요."

라며 걱정하는 어머니들을 만납니다.

또,

"우리 아이는 한곳에 집중하여 '멍' 하고 있을 때가 많은데 괜찮은가요?"

라고 걱정하는 부모들도 있습니다. 그런 질문을 들을 때마다 저는 그 아이가 몹시 궁금해지고 보고 싶어져서 그 어머니를 다시 쳐다보게 됩니다.

저는 개인적으로 골똘히 자기만의 세상 속으로 들어가는 엉뚱한 아이들을 매우 좋아합니다. 그런 아이를 만나는 것은 기분 좋은 일입니다. 그런 아이들은 따로 느끼기 연습을 시킬 필요도 없는 아이들이 아닐까 싶습니다.

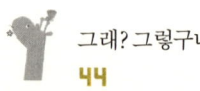

그러나 요즘에는 느끼는 학습을 하는 곳을 찾아보기 힘듭니다. 초등학교 저학년 시기에는 느끼기를 통하여 자아를 재정립하는 교정이 가능한데, 그런 학습의 장은 온데간데없고 주입식의 획일적인 학습만이 아이들을 기다리고 있습니다.

어느 학교에서나 흔히 볼 수 있는 '인성교육의 장'이라는 현판이 무색하기만 합니다. 느끼기를 중단하면서 아이들은 좋은 대학과 성공을 향하여 자신의 나아갈 방향을 찾습니다. 이처럼 자아가 건강하지 않기 때문에 중학교, 고등학교를 거치는 긴 시간 동안에 공부에 빠지지 않는 한 제정신으로 살 수 없는 환경을 스스로 만들 수밖에 없는 현실 속에 갇혀 버립니다.

질풍노도의 시기를 위태위태하게 보내는 청소년이 얼마나 많은지 부모들은 감지하려고 하지도 않으며 그 방법도 알지 못합니다. 따라서 그들은 자녀의 인성교육을 학교에 맡겨 버리지만, 그것은 이미 그 시기와 구조 면에서 실패하고 마는 것입니다.

인성교육을 반영한 현판은 가정마다 거실에 걸려 있어야 하는데, 오히려 학교가 스스로 그 짐을 떠맡고 골머리를 앓고 있는 모습은 보기에 우습기만 합니다.

초등학교 저학년 시기는 발달단계상 이미 형성된 자신의 성격 모형의 세부 사항을 확장하는 시기입니다. 그리고 초등학교 중학년과 고학년 시기에 그 성격의 마무리라 할 수 있는 다듬기를 합니다.

곧, 초등학교 6년의 시기는 한 아이가 부적절한 양육자와 부정적인 환경 때문에 잘못 형성된 성격을 재정립하는 인생의 가장 중요한 시점임에도 불구하고 그 시기를 놓쳐 버리는 경우가 많이 있습니다.

그리고 문제가 발생하면 비싼 비용을 지불하면서 감성훈련이니, 인성캠프니 하는 곳에 수없이 보내게 됩니다. 느끼기를 익숙하게 학습하여 자신의 감정을 알아차리는 단계에 이르는 것은 정말 많은 시간과 노력 그리고 비용을 지불하여야 합니다.

우리나라 사람들은 감정을 소홀히 하기 때문에 표현력이 부족하다는 것을 누구나 인정할 것입니다. 가정이나 학교에서 이루어지는 우리의 교육 체계 자체가 감정을 중요시하지 않고 깊이 있게 다루지 않으며 결과만 중요시하는 구도입니다.

감정은 단순히 전해져 오는 느낌입니다. 여기에는 사고가 필요하지 않습니다. 그것은 가장 원초적인 것이고, 형체가 없으나 수만 가지 모양으로 우리의 가슴속에 흔들어 놓은 맥주의 거품처럼 올라오는 것입니다. 따라서 감정이 발달하지 않은 사람들은 그것을 조절하는 것 역시 잘 되지 않습니다.

어떤 급작스러운 사건 속에서 자신을 표현해야 하는 찰나는 수없이 많지만, 우리는 표현을 잘하지 못할뿐더러 자신의 감정이 무엇인지 정확히 알 수 없어서 유구무언일 때가 더 많습니다. 차라리 유구무언이기라도 하면 손해 보는 것이 없을 것입니다. 그러나 자신의 속에서 일어나는 감정이 무엇인지 모르는 상태에서 내뱉는 말이나 행동은 종종 많은 실수와 후회를 남깁니다.

감정의 실체를 알기 원한다면 많은 연습이 필요하겠지요. 아마도 감정이 만들어진 역사를 알면 좀 더 쉽게 접근할 수 있으리라는 생각을 해 봅니다.

## 감정 느끼기

학교에서 돌아온 아이가 다쳐서 들어왔습니다. 상처가 나서 피를 흘리며 들어온 아이는 울며 어머니의 눈을 바라봅니다. 그러나 대부분의 부모는 아이의 감정을 읽지 않습니다. 아니, 읽는 방법을 모릅니다. 항상 그랬듯이 결과가 중요하기 때문에,

"어쩌다 그랬어?"

라고 아주 속상한 어투로 아이를 질책하듯이 첫마디를 뱉어 냅니다. 아이는 상처가 쓰린 것보다, 피가 나는 것보다 지금 자신의 상태에 대한 어머니의 깊은 공감을 필요로 하는데, 어머니는 이런 것들을 외면해 버리고 빠른 시간에 결과를 정리하려 합니다.

또 다른 부모의 모형은 다쳐서 울며 들어오는 아이를 보자마자,

"왜 그래?"

"누가 그랬어?"

"바보같이 울긴 왜 울어? 뚝 그치지 못해?"

라고 다그치기에 급급합니다. 아이는 아무 말을 할 수 없습니다. 이렇게 이야기해도 저렇게 이야기해도 혼날 것이기 때문에 더 당하기 전에 가만히 있는 편이 더 편할 것이라고 생각합니다. 넘어져서 상

처가 났을 때의 아픔, 바지를 올려 보니 피가 뚝뚝 떨어질 때의 그 두려움, 그리고 이 사태를 회복시키는 데 필요한 지지와 격려는 찾을 길이 없습니다. 이 아이가 다쳐서 우는 것은 아픔 때문이라기보다는 두려움을 극복하고자 하는 기본적 욕구를 표현하는 것입니다.

한편, 느끼기를 학습하는 아이들은 창의적 사고가 가능합니다. 느끼기를 충분히 하는 아이는 그 표현을 저절로 잘할 수 있는 능력이 생깁니다.

무엇이든 그릇에 가득 차면 넘치기 마련입니다. 내부에서 일어나는 감정도 그릇에 가득 차면 외부로 자연스레 흘러나올 수밖에 없습니다. 그것이 표현입니다. 많은 부모가 자신의 자녀에 대해 표현력이 없다고 말하지만, 사실 아이들의 타고난 표현력이 부모의 잘못된 교육에 의해 말살당한 것이라고 해도 과언이 아닌 것입니다.

아이들은 다치거나 제 몸에서 피가 나오는 것을 볼 때 두려움 때문에 울음을 터트립니다. 너무나 자연스러운 감정 표현입니다. 그러나 부모들은 그 감정 표현이 마음에 들지 않습니다. 대장부답지 않거나 바보같다는 것이지요. 부모들은 아이의 감정을 세세히 읽어 주지도 못하면서 무작정 울지도 못하게 아이의 감정을 차단해 버리고 윽박지릅니다.

아이들이 넘어져서 다쳤거나 친구와 싸워서 코피가 터졌을 때 느끼는 기본 감정은 두려움, 그리고 상대 친구가 나쁘다는 감정일 것입니다. 부모가 그 감정을 긍정적으로 해결해 줄 수 없다면 아이는 울어서라도 그 감정을 충분히 가슴으로 느끼면서 풀어야 하지 않을까요?

어른들은 너무나 오랫동안 감정을 무시하고 결과만을 중요시하며 살아왔기 때문에 무엇인가 느낌을 표현한다는 것을 매우 어려워합니다. 나이가 많을수록 더욱 그러합니다. 이러한 현상은 우리 문화 자체가 감정 표현을 자제하는 것이 예의이고 미덕이라고 가르쳤기 때문입니다. 따라서 대부분의 기성세대 남자들은 더욱더 자신의 감정을 표현하는 데 어려움을 겪습니다. 하지만 인간관계에서 자신의 감정을 상대방에게 전달하는 것은 매우 중요합니다. 실로 안타까운 일이 아닐 수 없습니다.

자신의 느낌을 표현하는 것이 어려운 것은 자신에게 어떤 감정이 생겼을 때 그 감정을 충분히 느끼며 생각하는 학습을 하지 않았기 때문입니다.

또한 우리 문화의 한 부분인 획일적인 교육제도는 감정 표현을 어렵게 하는 또 하나의 예입니다. 학생들 모두가 전체 과목을 잘해야 한다는 것 자체가 오류입니다. 누구에게는 흥미로운 수학이 다른 사람에게는 부담이 되고, 누구에게는 미치도록 좋은 미술이나 음악이 또 다른 사람에게는 지루하고 너무도 견디기 힘든 교과목이 될 수 있기 때문입니다. 따라서 이러한 획일적인 교육은 초등학교 아동기의 교육에서 느낌의 표현을 수용하지 않으며, 이것은 감정 표현을 어렵게 하는 이유가 된다고 할 수 있습니다.

감정은 표현력을 짝꿍처럼 데리고 다닙니다. 표현력이 좋은 아이는 상대나 문제상황의 분위기를 잘 감지하는 능력이 있기 때문에 문제를 일으키지 않습니다. 그러므로 초등학교 아동기에 이 한 가지 교육만이라도 제대로 신경을 쓴다면 '왕따' 문제는 많은 부분 해결될 수 있으리라 생각합니다. 또한 유아와 청소년 시기는 자아를 확인하는 시기이기 때문에 교육에 의해 더 가변적일 수 있습니다.

## 정서란 무엇일까

다음은 정서입니다.

정서는 통합적이고 감정은 부분적이기 때문에 언제나 정서 속에는 감정이 자리 잡고 있습니다. 정서는 본능으로부터 일어나는 희로애락의 감정을 분위기에 맞게 끌어내 주는 에너지입니다.

정서는 또한 인성의 가장 핵심인 자존감과 가치관, 신념, 성, 자아정체성과 긴밀한 관계가 있습니다. 그래서 정서를 한 인간의 삶의 스타일이라고 말하는 것입니다. 즉, 정서는 한 인간의 인격을 대신할 수 있을 만큼 의미가 큰 것입니다. 그것은 생활방식을 망라하는 느낌이고 분위기이고 감정이며, 상태입니다. 정서가 중요한 이유는 한 인간의 행복과 직접적인 관련이 있기 때문입니다.

모든 사람의 삶의 목적은 행복을 추구하는 것입니다. 행복이란 욕구가 충족되어 기쁨과 만족을 느끼는 상태라고 합니다. 정서는 바로 그런 욕구를 조절할 수 있는 능력을 알게 합니다. 정서가 인성에서 중요한 이유는 바로 인간의 욕구를 만들고 조절할 수 있는 능력을 알 수 있도록 돕기 때문이라고 말할 수 있습니다.

  세상의 그 어떤 것을 가져도 끊임없이 생기는 욕구는 어쩌면 누구에게나 있는 기본적인 것이라고 말하는 사람들도 있을 수 있습니다. 그러나 욕구는 에너지가 있는 사람들의 전유물이라고 감히 말합니다. 힘이 없는 사람은 욕구가 없습니다. 한 계단 한 계단 자신의 계획에 따라 원하는 욕구를 해결하는 사람들은 그 일에 에너지가 넘칩니다.

  요즘은 정서를 통한 심리치료도 합니다. 즉, 정서를 다루면 심리적인 억압이나 일탈에서 자기 통합을 할 수 있다는 것입니다.

  정서의 기본 감정에는 화, 기쁨, 슬픔, 두려움, 수치심, 놀람이 있는데 이 정서들은 언어적이기도 하면서 때때로 비언어적이기도 합니다. 이 중 더 많은 것은 비언어적인 부분입니다.

  제가 만나는 모든 사람 중에는 같은 사람이 하나도 없습니다. 모두 얼굴 모양이 다른 것처럼 정서 또한 다릅니다. 정서를 바꾼다는 것은 그 사람의 문화를 바꾼다는 말입니다.

## 정서는 성격 유형과 관계가 있다

  학교에서 집단상담 수업에 들어갔을 때를 생각해 봅니다. 특히 초등학교의 경우 학급의 분위기를 보면 담임선생님의 정서가 그대로 드러나는 것을 알 수 있었습니다. 즉, 선생님에 따라 학급을 이끌어 가기 위한 욕구가 있고, 그 우선순위도 다양했습니다.

어떤 선생님은 자신의 손 안에 아이들을 꽉 움켜쥐고 완전 자기 방식대로만 학급을 이끌어 가는 독재자형입니다. 그 학급에 들어가면 수업하기가 참 수월함을 느낍니다. 인사를 하는데도 박자를 맞춰 가며 군가를 부르듯이 하고 질서정연합니다. 수업을 하면서 발표를 시키면 모두가, "제가 발표하겠습니다."라고 하면서 똑같은 형식으로 시작하여 또박또박 자기 생각을 발표합니다. 모두 자신감이 있어 보이고, 만족해하는 것 같습니다. 그러나 자유스럽지 못한 무언가가 느껴져서 아쉬움이 있었던 것을 기억합니다.

또 어느 학급에 들어가면 매우 자유분방하여 학생들을 통솔하고 수업하기가 쉽지 않습니다. 아무 때나 질문을 하고, 다리만 의자에 붙어 있을 뿐 몸은 옆자리를 옮겨 다니면서 장난을 치기도 하며, 자기들끼리 이야기하는 등 수업시간이 어수선하기만 합니다. 발표를 시켜도 자신 있게 잘하는 아이보다 옆 사람만 간신히 알아들을 수 있는 목소리로 겨우 중얼중얼 발표하는 아이가 더 많습니다. 덜 똑똑해 보이고 뭔가 정렬되지 않은 분위기입니다. 그러나 거기에는 자유로움과 다양성이 있었다는 생각을 합니다.

이처럼 담임선생님의 정서가 어떠한가에 따라 그 학급의 운영 방식이 정해지는 것입니다. 다행히 담임선생님과 같은 정서를 가지고 있는 아이는 매우 활동적이고 수월한 학급생활을 할 수 있고, 정반대의 정서를 가지고 있는 아이는 매우 고통스럽고 어려운 학급생활을 하게 될 것입니다.

학교라는 공간은 너무나 다양한 정서를 지닌 아이들의 집합체입니다. 규칙 안에서 다양성을 인정하고 계발해야 할 교육의 장입니다. 절대적으로 선생님들의 노력이 필요한 장인 것입니다.

요즘은 아동을 대상으로 성격검사도 쉽게 할 수 있습니다. 성격검사가 한 인간에 대해 완벽한 해답을 줄 수는 없지만, 통계적으로 그 사람이 어떤 유형인지와 선호하는 것과 싫어하는 것 등은 쉽게 드러납니다. 학급아이들의 또래집단에서도 서로를 이해하게 하는 데 유익하며, 선생님이 학생 개인과 교류하는 데에도 많은 도움을 줄 수 있습니다.

## 정서는 성별 차에 기인한다

부모가 가정에서 아이를 키우는 것도 선생님이 학교에서 학생들을 가르치는 것과 마찬가지입니다. 부모는 자신의 정서에 따라, 자신의 수준에 맞추어 아이들을 만듭니다. 미성년이라는 꼬리표를 떼는 그날까지 부모는 자녀의 일에 관여합니다.

남자아이와 여자아이를 키우는 데는 많은 차이가 있다고들 합니다. 어머니들은 아들을 키우기가 훨씬 힘들다고 말합니다. 그 첫 번째 이유는 성별이 다른 어머니와 아들이 다른 정서를 가지고 있기 때문입니다.

남자는 그 삶의 메커니즘이 여자와 다른 구조를 가지고 있습니다. 어린 시절부터 에너지 표출 방식이 다릅니다. 똑같이 만화영화를 봐도 남자아이는 칼이나 총을 휘두르며 소리를 지르고 훨훨 날아다니는가 하면, 여자아이는 인형을 다독이며 살림을 하는 아기자기한 행동을 나타냅니다. 생리적으로 다른 정서도 한몫을 하는 것입니다.

대부분 사춘기를 지나면서 분리 작업이 완성되며, 그때야 비로소 한 인간이 된다고 보는데, 보통 유아가 3, 4세가 되어 자아를 형성하면 가장 안전한 방법으로 어머니로부터 자신을 분리하기 시작합니다.

하지만 자율성을 가지고 자기주도적인 삶을 건강한 모습으로 살아 나가기 위한 첫 번째 과업에서 실패하는 대부분의 아이는 평생 어머니의 치마폭에서 '마마보이'로 살아가야 마음이 편안한 삶을 살 수 있게 되는 것입니다.

어머니의 무릎에서 어머니의 주위를 맴돌며 노는 아이는 어머니라는 안전한 성을 쉬 떠나지 못하지만, 자신과 가까운 곳에서 안전하게 있는 어머니를 확인하며 조금씩 조금씩 어머니를 떠나는 연습을 합니다.

어머니가 아이를 교육하는 시간은 그리 길지 않습니다. 아이는 어머니의 무릎을 벗어나는 순간부터 어머니라는 존재로부터 분리되어 자신만의 세계를 구축하는 정서를 찾습니다.

세계의 옛이야기나 신화에 나오는 이야기는 어느 나라에나 비슷한 모형이 많이 있습니다. 특히 남자 주인공이 사춘기를 지나면서 무엇인가 자기와 관련된 갈등을 해결하면, 그 후 어머니를 떠나는 장면이 나옵니다. 그러면 이야기 속의 어머니들은 모두 아들의 길을 막지 않고 때가 되었노라고 말하면서, 자신이 간직하고 있던 중요한 물건이나 단서들을 아들에게 건네줍니다. 그리고 아들은 어머니를 떠나 공주를 구하거나 성을 빼앗는 등 특정한 형식의 과업을 달성하며 홀로서기에 성공한 후 위대한 인물로 거듭납니다. 이것은 신화이고 옛이야기지만, 정서의 철학이며 무시해서는 안 될 지침서 같은 이야기입니다.

우리 주위에 있는 많은 어머니는 자식을 걱정한다는 미명하에 자신과 분리되는 것을 허락하지 않습니다. 그러나 어머니는 특히 아들을 자신으로부터 분리시켜야 한다는 생각을 항상 하며 살아야 합니다. 그렇게 될 때 어머니도 아들도 행복할 수 있는 것입니다.

앞에서 언급했듯이 여자아이는 남자아이와 다릅니다. 성별의 특성상 어머니와 같은 정서를 가지고 있기 때문에 다루기는 쉽습니다. 그러나 여자아이는 어머니를 떠나려고 하지 않습니다. 하지만 여자아이도 남자아이와 마찬가지로 자율성을 가지고 자기주도적인 삶을 살아가기 원한다면 어머니와 분리되는 경험을 해야 합니다. 이에 실패할 경우 대부분의 여자아이는 정서가 같은 어머니를 떠날 필요를 느끼지 못하고 공생의 관계로 타협해 버리게 됩니다.

시집간 딸이 친정을 드나들며 시집에서 일어나는 모든 일을 해결해 주기를 바라고 징징거리는 모습이 그것입니다. 어머니와 분리되지 못한 딸은 남편과의 일도, 자녀에 관한 일도, 그 어떤 일도 스스로 해결할 수 있는 능력이 부족하기 때문에 어머니가 친정에 살아 계시는 한 연결고리를 놓을 수 없는 구도를 형성하는 것입니다.

## 정서는 환경과도 밀접한 관계가 있다

우리는 흔히 인간을 가소성의 동물이라고 부릅니다. 그 이유는 정서가 환경과 밀접한 관계를 맺기 때문입니다. 인성의 단면도를 그린다면 성격의 중앙에 기질(character)이 있습니다. 그것은 부모나 조상으로부터 받아 유전적으로 가지고 태어나는 것이지요. 그다음은 정서로 가치관이나 신념, 태도로 만들어지는 습관적인 성격이 있습니다. 이것은 주관적인 것입니다. 마지막으로 제일 가장자리에는 지식체계나 기능을 사용하는 역할성격이 있습니다. 바로 사회적인 성격입니다. 여기에서 유전적인 것을 제외한 습관적인 성격이나 역할성격은 환경에 의해서 만들어진 성격이므로 가변적이라 말합니다.

6, 7세 아동과 40세 이후 성인의 성격 중 누구의 성격을 더 쉽게 교정할 수 있다고 생각하십니까? 나이가 많을수록 성격을 코칭하는 것이 더 어렵습니다. 성격은 여러 날을 통해 다양한 환경요소에 의해서 굳어진 것이기 때문이지요.

흔히 말하는 맹모삼천지교를 예로 들면 이해하기 쉬울 것 같습니다. 맹자의 어머니는 맹자의 교육환경을 위해서 세 번이나 이사를 하였는데 그때마다 보고 듣는 것을 따라하며 맹자의 놀이 모습이 변하게 됩니다.

또한 어제 뒷골목에서 건달 노릇을 하던 청년이 귀신도 때려잡는다는 해병대에 입대하여 곧 멋진 해병으로 제대했다면, 그의 환경적인 성격이 사회생활을 하는 데 이로움을 줄 수 있는 것입니다.

특별한 경우를 제외하고는 고주망태 술주정뱅이 아버지를 둔 아들은 알코올 중독자가 될 확률이 높고, 고위험군 흡연자의 아들 역시 환경에 따라 흡연자가 될 확률이 높습니다.

복잡한 도시에서 태어나 질 좋은 교육을 받은 성공한 사람과 낙후된 산촌, 어촌, 도서벽지에서 태어나 외부환경으로부터 방치되어 교육을 받지 못하고 살아온 사람과의 환경적 차이를 배제할 수 없다는 것입니다.

정서라는 것은 분위기를 말합니다. 성격을 형성하는 시기에 어떤 분위기를 형성해 주었느냐에 따라 긍정적으로 혹은 부정적으로 만들어집니다.

어느 4인 가족이 이제 겨우 숟가락을 혼자 잡을 수 있는 아들과 정신지체로 혼자 밥을 제대로 먹을 수 없는 딸을 데리고 호텔 레스토랑에서 정식코스요리를 주문합니다. 가족은 말끔하게 정장을 차려 입었습니다. 일상생활에서 느낄 수 없는 최고의 저녁식사 분위기를 아이들에게 선물하기 위해서지요. 하얀 셔츠에 나비넥타이를 맨 아들은 즐겁기만 합니다. 클래식 음악에 몸을 흔들며 멋진 웨이터들에게 주문을 하고, 식사 도움을 받습니다. 경제적 여유가 없어 일 년에 두 번 정도 하는 경험이지만, 멋진 체험이 아닐 수 없습니다.

부모는 아이들에게 귀족적인 생활의 느낌을 맛보게 하려는 것입니다. 일 년에 두 번 하는 경험으로 이 아이들을 귀족적 성향으로 바꿀 수는 없습니다. 귀족의 품격이란 자기 체형에 잘 맞는 어울리는 옷을 입어서 그 멋이 물 흐르듯이 흘러나오는 것과 같은 것이니까요.

그러나 이 경험은 이 아이들에게 좋은 정서로 자리 잡을 것임에 틀림없을 것입니다. 아이들의 머릿속에는 그날 그 분위기의 아름다운 기억이 분명 저장되었을 테니까요. 이 아이들은 분명 자신의 존재를 귀하게 생각할 것입니다. 하나의 경험이지만, 이 경험을 통해 얻는 것은 값으로 계산할 수 없는 것들입니다.

정서와 감정에 긍정적 스트로크를 얻었을 것이고, 가치관이나 자존감, 생을 살아가는 신념과 태도에도 분명 긍정적인 영향을 받았을 것입니다.

아동 및 학생들이 생활 경험을 중심으로 학습을 종합하고 통일한다는 의미의 통합교육이 있습니다. 내용은 통합적 교육이라는 주제에서 다루고, 여기서는 정서가 성격 형성 과정에서 환경과 어떤 관계를 맺는지에 관하여 가볍게 짚고 넘어가도록 하겠습니다.

통합교육을 지향하는 부모들과 아이들이 가는 장소는 강이나 호수, 시내, 산, 공원, 재래시장, 미술관, 음악회, 전시회, 도서관, 백화점, 대형서점, 마트, 영화관, 특색식당, 놀이공원, 고궁, 문화유적지, 체험학습을 할 수 있는 공장, 인형극, 학교 축제, 높은 빌딩, 큰 건물, 운동장, 과학관 등 다양합니다.

두 살, 네 살 된 아이들을 둔 어머니가 있었습니다. '바람만 스쳐도 자극이다.' 라는 생각이 그 어머니가 생각하는 자녀교육의 가장 큰 화두였습니다. 그 어머니는 한 달치 계획표를 언제나 달력에 그려 놓았습니다.

그중 아이들이 좋아하는 곳은 재래시장과 도서관이었습니다. 도서관은 간접교육이 무엇이나 가능한 곳이었기 때문이고, 재래시장은 직접교육의 장이기도 했지만 앞서 열거한 다양한 교육의 장소들을 부분적으로 세팅해 놓은 장소였기 때문입니다.

특히 20여 년 전이었던 당시의 재래시장은 통합적인 교육의 장이었습니다. 호흡이 있는 직접교육의 장이었습니다.

그들이 살던 곳은 천안 성거였고, 어머니와 아이들은 천안, 진천, 안성, 평택, 성남, 광덕, 오산, 대전, 수원 등지로 오일장을 다녔습니다.

그중에서 아이들이 가장 좋아한 곳은 성남 '모란장' 이었습니다. 옛날 모란장에는 바다생물, 조류, 포유동물, 식물, 포목, 특색 식당, 놀이 등 다양한 장이 펼쳐졌습니다. 당나귀, 조랑말에서부터 여러 종류의 뱀, 자라, 거북이, 형형색색의 옷감들, 그림 등의 희귀한 물건들과 품바, 풍물놀이패, 극단과 같은 볼거리를 갖춘 다양한 교육의 장이었습니다.

두 아이를 데리고 두 바퀴를 천천히 돌면 집에 갈 시간이 다 될 정도로 큰 규모의 시장에서 점심은 항상 특색 있고 입맛 다시게 하는 음식을 골라 먹을 수 있었던 것 같습니다. 그때 두 아이의 빛나는 눈빛을 지금도 어머니는 잊을 수가 없다고 말씀하십니다.

물론 두 아이를 데리고 다니느라 어머니는 필요한 물건을 단 한 가지도 사 올 수가 없었습니다. 어깨에 멘 가방에는 아이들이 갈아입을 옷 한 벌씩과 기저귀, 물병, 수건 등 그날 꼭 필요한 물건 외에는 넣을 수가 없었으니까요.

하지만 이런 시간을 통해 아이들은 당나귀의 귀를 만져 보고 거북이의 등을 손가락으로 두드리며 대화를 나누었습니다. 다양한 색상의 옷감을 보고 색채 감각과 디자인 감각을 키우며, 땅바닥에 종이를 깔고 앉아 품바와 풍물놀이패, 극단의 예술을 구경하면서 아이들의 감성은 전통문화와 어우러져 얼마나 풍부하게 꼴 지어졌는지 모릅니다.

시장에서 몸소 경제개념을 익히고 그곳에서 직접 그려 낸 화가의 그림을 본 경험은 분명 가치관 형성뿐 아니라 아이들의 성격 형성에도 영향을 미쳤을 것이라 생각합니다. 다양하게 제공할 수 있다는 것은 쉬운 일이 아닙니다. 그러나 재래시장은 그 한 예만 가지고서도 책 한 권을 쓸 수 있을 만큼 그 분량이 많습니다.

우리는 어떤 사람의 대범한 삶의 태도나 사고하는 것을 보고 '그 사람은 그릇이 참 큰 사람이다.' 라고 표현합니다. 이런 사고와 태도는 내재되어 있는 성격유형의 한 모형입니다. 우리는 그릇이 작은 사람보다 그릇이 큰 사람을 더 선호합니다. 그릇이 작은 사람이 자신과 자기 가족만을 위하여 사는 사람이라면, 그릇이 큰 사람은 보다 넓은 세계에서 더 많은 사람을 위하여 살 수 있는 사람이기 때문입니다.

그런 의미에서 인간이 가변적이라는 사실이 얼마나 고무적인 것인지 모릅니다. 유전적으로 받은 그릇이 작더라도 환경에 의해서 큰 그릇을 만들 수 있다는 희망이 있기 때문입니다.

인간이 홀로 존재하는 삶의 방식으로 살아간다면 우리는 인성에 대해 거론할 필요가 없습니다. 인간은 사회적이고, 유기체와의 교류를 통하여 존재할 수밖에 없기 때문에 인성에 관심을 갖는 것입니다. 한 인간의 자아정체성도, 자존감도, 가치관도, 삶의 태도도, 사고와 정서와 감정도 환경과 무관하지 않기 때문에 인간은 환경에 의해 그 성격이 형성될 수밖에 없는 것입니다.

# Reading a Book

## 책 읽기

# 책 읽기

 아이가 커서 책을 가까이하지 않는 이유는 무엇일까요? 아이의 성장 속도보다 부모의 욕심 속도가 더 빠르기 때문입니다. 4~5개월까지는 집에 책이 딱 한 권, 그것도 그림책이 있는 것이 좋습니다. 아이가 그 책을 보고 또 보고, 읽고 또 읽어서 충분한 상상력을 발휘할 수 있게 되었을 때, 그래서 책에 대한 통제감이 생겼을 때 짧은 글로 이루어진 책을 하나 더 주는 것이 좋습니다.

 그런데 부모의 욕심 때문에 한 권이 아니라 몇십 권으로 구성된 전집을 사는 경우가 있습니다. 그렇게 많은 양의 책은 아이에게 지나친 자극을 주어 오히려 아이가 책 읽기를 힘들어 할 수도 있습니다. 혹시 지금 집에 전집류를 비치해 두지는 않았나요?

## 책을 읽어야만 하는가

 책을 읽어야 하느냐는 질문에 역설적이게도 "아니다."라는 대답을 한 수강생이 있었습니다. 모든 사람이 '네'라는 답을 가지고 있을 때 '아니다'라고 답했다는 사실에 그 수강생이 참 용기 있다는 생각을 했습니다. 어떤 논리로 그 이유를 설명할까 궁금했습니다.

그 이유인즉, 자기 할머니께서는 초등학교 문턱에도 가 보지 못하였는데 정말 어질고 지혜롭고 총명하셨다는 이야기였습니다. 그 대답을 듣고 있자니 저의 외할머니 생각이 났습니다. 저의 외할머니도 그런 분이셨습니다. 아침에 해가 쨍쨍한데 할머니는 우산을 가져가라 하십니다. 귀찮아서 할머니가 주신 우산을 마루 위에 몰래 놓고 학교에 가면 그날은 틀림없이 비가 왔던 기억이 납니다. 일기예보를 듣는 것도 아닌데 할머니는 어떻게 아셨을까요? 저는 그 당시 할머니가 정말 지혜로운 분이라 생각했습니다. 이처럼 옛날 할머니들은 책을 읽지 못했는데도 지혜로웠던 것 같습니다. 책에서 배우지 않아도 나름대로 잘 살아가는 방법이 있습니다.

그러나 이런 옛날 할머니들 중에 그 지혜 덕분에 대외적으로 명성을 떨친 사람들이 있는지 생각해 봅시다.

옛날 할머니들의 지혜란 집안일과 식구들에 관련된 문제, 절기와 사람이 살아가는 데 필요한 요소들에 국한된 삶의 지혜였습니다. 조상들의 삶을 통해서 그들이 직접 경험한 해답들을 전수받아 사용했다고 짐작해 볼 수 있습니다. 그러나 그분들은 그런 대로 별 탈 없이 사신 것이지 그분들의 삶이 행복했다고 보장할 수는 없습니다. 아마도 역사를 통해 우리가 아는 것과 같이 수고와 고통의 세월을 사셨을 것입니다.

우리는 우리 아이들이 그렇게 살기를 바라지 않습니다. 옆집 아이보다 머리가 좋았으면 좋겠고, 같은 반 아이보다 공부를 더 잘했으면 좋겠고, 큰 꿈을 꾸면서 어떤 일이 있어도 좌절하지 않고 성공했으면 좋겠다는 희망을 갖습니다.

　이제부터 다룰 '독서'라는 주제를 통해서 우리는 책을 읽어야만 한다는 생각을 갖게 될 것입니다. 옛날 할머니들의 세대는 지금 세대와는 정치적·경제적·사회적으로 많은 차이가 있습니다. 모든 사람이 눈앞에서 거울을 보는 것처럼 세계 곳곳에서 일어나는 일들을 지켜볼 수 있는 이 기막힌 시대에 과연 어느 누가 옛날 할머니를 운운하며 교육을 받지 않아도 지혜롭게 살 수 있다고 말할 수 있겠습니까? 삶의 목적이나 꿈이 세상 사람들과 다르다면 모를까, 이 사회에서 성공하고 싶고 행복하고 싶은 사람들은 그 옛날 할머니들의 전철을 밟지 않을 것입니다.

　창의력이나 다양성을 키우고 지혜를 얻기 위해서뿐만 아니라 자신이 만나는 사람들의 눈 속에서 자신을 볼 수 있는 방법이 책 속에 있기 때문에 책을 읽어야만 합니다. 인생을 살면서 눈에 스쳐 지나가는 사람들은 너무도 많습니다. 하지만 자신이 정말 사랑하는 사람들은 자신과 많은 시간 눈맞춤을 합니다. 그들이 원해서라기보다 자신이 원하기 때문에 눈맞춤을 합니다. 그들은 내 존재를 확인해 주는 또 하나의 분명한 통로이기 때문입니다. 그들의 눈 속에 자신의 모습이 있기 때문에 우리는 서로를 마주 보고 '나'라는 존재를 확인하고 싶어 하는 것입니다.

　사랑하는 사람들이 싸우다가 오랜 관계가 깨지는 순간 마지막으로 하는 말 중의 하나는 '내 눈을 보고 말하라.'는 것입니다. 상대방의 눈은 자신이 살아온 시간과 추억, 자신의 모습과 자신이 했던 말들, 그리고 가장 소중한 자신의 마음이 그대로 담겨 있는 우물입니다.

이것은 직접적인 체험입니다. 내가 살아온 역사가, '나'라는 사람의 존재가, 상상이 아닌 내 앞에서 나를 바라보고 있는 사람의 눈이라는 렌즈에 찍혀 저장되어 있는 것입니다. 내 주위에 사랑하는 사람들이 많아서 그들의 눈 속에서 내 존재를 많이 느끼고 살수록 '나'라는 존재는 커지는 것입니다. 내 존재의 가치가 소중해지는 것입니다.

그러나 우리의 형편상 주위의 사람들과 그렇게 밀착된 관계를 유지하기는 쉽지 않습니다. 많은 경우에 가족들과도 그런 관계를 유지하며 살지 못하는 것을 봅니다. 하지만 책 읽기를 바로 알면 간접적인 눈맞춤이 가능합니다. 또 자신이 사랑하는 사람들과도 눈맞춤을 자연스럽게 할 수 있는 간접 경험을 할 수 있는 것이지요.

눈맞춤이 중요한 또 하나의 이유는 감성의 자율성 때문입니다. 희로애락의 네 가지 순수한 감정 중에 우리의 삶에 문제를 일으키는 것은 대부분 '화'(불쾌함)의 감정입니다.

우리 성격 가운데 내재된 하나하나의 개념은 하루아침에 생성된 것들이 아닙니다. 우리가 살아온 나이만큼 만들어지고, 특정한 상황이나 문제 속에서 다져졌습니다. '화'라는 개념으로 확장되기 전까지 수많은 단계를 밟은 것입니다.

그래? 그렇구나!

많은 학생이 책을 읽어야만 하는 이유로 정보와 지식, 감성, 지혜 등을 찾기 위해서라고 말합니다. 그러나 그런 것은 그냥 얻어지는 것이지요. 덤이라 생각하면 기분이 좋을 것 같습니다.

책 속에는 우리가 상상할 수도 없는 것들이 숨겨져 있습니다. 저마다 찾는 방법이 다르기 때문에 얻는 것 또한 다를 것입니다. 또한 책 속에서는 고대부터 현재까지 살아온 모든 시대의 사람들이 살아서 움직이고, 생각하고, 느끼고, 말을 합니다. 그뿐인가요? 세상에 존재하지 않는 미래의 인물들과의 교감도 가능합니다.

세계 곳곳에는 유네스코에서 세계문화유산으로 지정하여 보호하고 있는 수많은 유적과 유물이 있지만, 이것들은 책 속의 보물들과 비교할 수 없습니다.

세계문화유산은 그저 지나간 흔적 속에서 우리가 생각하며 느끼려 하는 것이지만, 책 속에서는 그 인물들이 움직이고, 생각하고, 말하고, 느끼고 있습니다. 더 중요한 것은 할아버지부터 갓난아기까지 이 세상에 존재했던 다양한 인물유형을 만날 수 있다는 것입니다. 자신과 유사하고 자신의 마음과 뭔가 통할 것 같은 주인공들의 감정과 생각, 행동을 깊이 알게 됩니다. 덕분에 실제 생활에서 그와 유사한 사람들을 만날 때 자신의 감정과 생각, 행동이 서툴지 않기 때문에 그들과 자연스럽게 교제를 할 수 있게 되는 것입니다. 이것은 우리가 어떤 자격증을 받기 위해서 실무를 접해 보거나 현장 실습을 해야 그 자격과 관련된 일을 시작할 때 서툴지 않게 접근할 수 있는 것과 같습니다.

책 읽기를 해야만 하는 또 하나의 이유가 있습니다. 그것은 바로 스키마(schema)입니다.

이 그림을 보고 어떤 사람은 아름다운 젊은 여인을 떠올릴 것이고, 또 어떤 사람은 코가 큰 마녀를 떠올릴 것입니다. 어떤 사람은 부분 부분을 모아 전체를 지각하고, 어떤 사람은 전체를 지각한 후에 부분을 지각하여 볼 것입니다. '어떤 형식으로 바라보는가'에 따라 늙은 마녀가 보이기도 하고, 젊은 여인이 보이기도 합니다.

이것은 사물에 대한 지각이 사람에 따라 서로 다른 것임을 나타내 줍니다. 무엇이 똑같은 그림을 다르게 보게 하는 것일까요? 그것은 바로 스키마 때문입니다.

스키마란 개인이 살아오면서 직간접적으로 갖게 된 지식의 총집합체를 말합니다. 어떤 것은 자신의 직접 경험에 의해 내재된 것이기도 하고, 어떤 것은 간접 경험을 통해서 소유하게 된 것입니다.

우리는 모든 것을 직접 경험할 수는 없습니다. 따라서 간접 경험을 할 수밖에 없는 것이 많이 있는데, 책 속에서 아주 다양한 간접 경험을 할 수 있습니다.

스키마는 우리의 성격과 결합되면서 우리가 사물을 바라보는 방법을 설정합니다. 성격과 스키마의 차원으로 세상을 보는 것입니다.

 아이들의 미술 교육을 위해 미술관에 아이들을 데리고 갔습니다. 노랑 원복을 입은 유치원 아이들이 단체로 그림을 보기 위해 줄을 서 있는 모습을 보고는 옆에 있던 한 아주머니가 말했습니다.

"병아리들이 뭘 안다고 저 난리들이야."

"시끄러워 죽겠네."

아이들이 단체로 와서 눈높이도 맞지 않아 까치발을 들고 밀레의 '만종'을 보면서 우리 앞을 지나갔습니다.

선생님은 아이들의 대열이 흐트러질까 얼마나 염려하는지 아이들은 한 줄로 서서 그저 앞사람 뒤통수만 보며 그림들을 스쳐 지나가는 것처럼 보였습니다.

그런데 한 아이가 말하는 소리가 들렸습니다.

"나, 저 그림 본 적 있어."

아마도 어떤 건물에서 멋지게 장식해 놓은 '만종'을 보았겠지요.

"그런데 이 그림은 왜 이렇게 작지?"

아이는 밀레의 '만종' 앞에 잠시 머무르다 지나갔습니다.

예전에 자기가 보았던 그림은 크기가 큰 그림이었나 봅니다. 오늘 이 아이는 다른 모든 그림을 그저 스치고 지나갔다 하더라도 오늘 이곳에 온 효과를 이미 본 것입니다. 그것은 자극이었을 것입니다.

후일 중학생이 되어서 밀레의 '만종'을 미술 시간에 접하게 되었을 때, 이 아이는 틀림없이 진품인 밀레의 '만종'은 자신의 공책만한 크기였다고 말할 것입니다. 그러면 분명 그 미술 시간을 다른 아이들보다 역동적이고 적극적이며 자기주도적인 시간으로 보낼 수 있으리라 생각합니다. 스키마란 바로 이런 것입니다.

유아기에 만들어진 스키마는 발달과정에서 네트워크를 형성하며, 한 인격체를 만들어 나가는 배터리의 역할을 한다고 생각하면 맞을 것입니다. 이런 이유로 책 읽기는 반드시 해야만 합니다.

## 책 읽기 교육의 중요한 부분

책 읽기 교육의 중요한 부분을 전부 살피자면 한도 끝도 없을 것입니다. 책 읽기 교육에서 중요하다고 가장 많이 듣는 부분들이 있습니다. 다양성, 유창성, 집중력, 모험심, 용기, 신념, 가치관, 긍정성, 사고력, 유추능력, 상상력, 창의력, 응용력, 이해력, 적절한 어휘 사용 능력, 경험, 지혜, 지식, 정보, 감성, 사회성 등입니다.

그러나 이 모든 것이 책 읽기를 바로 할 때 저절로 얻어지는 선물과도 같은 것이라면 믿을 수 있겠습니까? 그러나 대부분 사실입니다. 이 사실을 바로 알게 된다면 올바른 책 읽기에 대한 관심이 높아지리라 생각합니다.

앞에서 인성의 주제를 다루면서 발달단계의 중요성을 먼저 살펴보았습니다. 아이의 교육을 담당하는 모든 어머니와 교육자가 아이의 연령에 맞는 교육을 해야 한다는 것이 기본 틀입니다. 유아에게 발달단계에 맞지 않는 자극을 주는 것은 많은 부분 억압과 실패의 경험이 되어 부정적인 영향을 끼치게 되는 경우를 쉬 경험하기 때문에 그렇습니다.

책 읽기 교육이 중요한 이유는 모든 학습의 기본 작업이 되기 때문입니다. 어떤 학습을 유발하고자 할 때 전문가들은 도입이라는 주제로 들어가는 전 단계의 활용을 중요시합니다. 이는 동기를 유발하고, 그것과 학습의 활성화를 연결할 수 있기 때문입니다.

책 읽기는 모든 학습체계의 기본이 되기 때문에 더더욱 기본 작업이 중요할 수밖에 없습니다. 유아에게 적극적인 책 읽기를 계획했다면 그것을 시도하기 전에 준비단계가 반드시 필요합니다.

아기에게 젖을 줄 때 아기가 보채고 심하게 울면 엄마는 젖을 꺼내 아기 입에 단번에 수유를 할 때가 있습니다. 그러면 그 아기는 갑자기 한꺼번에 들어오는 젖 때문에 사레가 들려 심한 기침을 하며 더 이상 젖을 먹지 못하고 애를 먹는 것을 볼 수 있습니다.

이때 현명한 엄마는 아이와 눈을 맞추면서 이야기합니다. "우리 왕자님, 배고팠어? 에고 에고, 우리 왕자님이 배가 고프셨구나. 잠깐만 기다리세요. 엄마가 곧 준비해서 줄게요……." 그러면서 엄마는 유두를 청결하게 하고 마사지를 먼저 합니다. 마사지를 하는 동안 아기는 젖냄새를 맡고, 입에 침이 고이는 등 젖을 먹을 준비를 함께하는 것입니다.

이와 같이 모든 의도적 학습에는 사전 준비단계가 중요합니다. 예를 들어, 과학이나 한자, 외국어 교육을 시키기 위해서 어느 날 갑자기 학원으로 아이들을 내모는 것이 아니라 그 주제에 맞는 애니메이션이나 만화책을 자연스럽게 접하게 하고 이야기도 듣게 함으로써 아이가 놀이를 통해 배우고 싶은 욕구를 갖게 해 주는 것이 필요하지요.

성인도 아무리 자기의 필요에 의해 영어나 한자, 과학, 의학 분야의 공부 계획을 세웠다 할지라도 상당 부분 압박이 되는 경험을 합니다. 아이들이라고 해서 다르지 않습니다.

엄마가 아이에게 슬슬 한자공부를 시켜야겠다는 계획을 세웠다

그래? 그렇구나!

면 한자와 관련된 만화책들을 아이 방에 자연스럽게 굴러다니게 해 놓는 것이 필요합니다. 한자에 대한 고사성어 이야기를 매일 몇 개씩 들려주는 것도 효과적입니다. 그리고 나면 아이에게 방에 놓인 한자 만화책을 보라고 굳이 말하지 않아도 아이가 저절로 한자 만화책을 읽게 되는 것입니다.

유아기에 책과 친구가 되면 그 책이 아이들의 인성과 학습에 유용한 영향을 줍니다. 아이를 책과 친구되는 아이로 만들려는 계획을 세운 어머니는 아이가 보다 어린 시기에 그 작업을 해야 합니다.

아이가 좋아할 만한 책을 하나 사면 겉표지를 깨끗이 닦고 꿀을 한 숟가락 떠서 책 위에 흐르지 않을 정도로 발라 놓습니다. 그러면서 아이와 책에 대한 대화를 시작하는 것이지요.

"소라야, 이 책 맛이 어떤지 궁금하지 않아?"

"엄마, 책에도 맛이 있어요?" 신기한 질문에 아이는 반짝이는 눈으로 책 앞으로 바짝 다가와 앉습니다.

"글쎄, 책도 맛이 있다고 그러던데 우리도 책이 어떤 맛일지 한 번 맛볼까?"

부모는 아이의 손가락으로 책에 바른 꿀을 찍어 맛보게 합니다. 아이의 표정이 어떨지 상상할 수 있지요? 아이의 표정은 신비롭다는 듯

환해지면서,

"맛있다."

"정말 책이 달콤하네."

"음식에만 맛이 있는 줄 알았더니 책도 맛이 있네? 정말 달콤하다."
라고 하지요.

부모는 모든 음식에 맛이 있는 것처럼 모든 책도 맛이 있다는 것과 다른 책들을 읽으면 서로 다른 맛을 느낄 수 있다는 이야기를 아이에게 해 줍니다.

저 역시 아이가 한동안 새로운 책을 접할 때마다 손가락으로 책 겉표지를 찍어 혀끝에 대며 그 맛을 보는 행동을 했던 것을 기억합니다. 이런 경우는 아이가 새로운 책에 대한 기대와 설렘으로 그 책에 다가갈 확률이 더 높아지는 경우라 할 수 있습니다. 이것은 유태인들의 교육 방법에 나와 있는 한 예이기도 한데, 제가 좋아서 아이에게 실천한 하나의 모형입니다. 부모가 만들어 준 긍정적 자극 하나를 아이는 평생 가지고 가는 것입니다.

책 읽기 교육의 중요한 점은 바로 인간관계 속에서 나타나는 교감의 진행과정을 볼 수 있다는 것입니다. 인간의 감정 중 불쾌함은 우리 앞길을 막는 방어벽과도 같은 것입니다.

또 책 읽기 교육의 중요한 부분은 카타르시스(catharsis)를 경험할 수 있다는 것입니다. 책과의 만남을 통해서 평상시 마음속에 억압되어 있던 감정을 해소하고 마음을 정화하는 일을 하기도 하고,

자기가 직면한 고뇌 따위를 외부에 표출함으로써 정신의 안정이나 균형을 찾는 일을 경험합니다.

  제 아이들이 읽었던 책들 중 대부분은 도서관에서 빌려 온 책들이었습니다. 두세 곳의 도서관에서 각각 가족회원증을 만들면 한 곳당 최대 20권씩의 책을 대여해 읽을 수 있습니다.

  저는 도서관에 아이들과 같이 가기도 하고 아이들이 학교에 간 후 혼자 가는 일도 종종 있었습니다. 그러면 독서목록을 기록하면서 책을 대여합니다. 두 곳에서 일주일에 40권의 책을 빌려다 놓으면 아이는 부자가 된 느낌이라며 좋아라 책을 읽고는 했습니다.

  이제 성인이 된 아이들은 그때의 기분을 장난감이 많이 생긴 느낌이었다고 말합니다. 어떤 책은 수십 번도 더 읽었고, 그것도 모자라 다음에 또 빌려 오라는 책들도 가끔 있었습니다. 이렇게 하기를 10년을 한 것 같습니다.

  아이들은 두 도서관의 아동실에 있는 책들을 거의 완독하게 되었습니다.

  아이들은 억압되어 있던 감정을 놀이를 통해서 표출하는데, 책을 읽을 때에는 책 속의 사건과 배경, 주인공들을 주제로 비구조화된 놀이를 다양하게 만들어 내며 카타르시스를 경험하게 됩니다.

  『신데렐라』의 새엄마를 보면서 자기 엄마의 부정적 억압이나 행동들에 대해 위로를 받습니다. '엄마가 나를 혼내고 못살게 굴어서 나도 힘들었는데 신데렐라도 힘들구나.' 라고 느끼며, 『신데렐라』가 해피엔딩으로 끝나는 것을 보면서 나도 잘될 수 있다는 희망을 갖는 것입니다.

또한 신데렐라가 성공하는 순간 아이는 자기가 성공한 것이라 느끼고, 그동안 받았던 억압에서 벗어나 카타르시스를 경험하며 희망과 창조의 에너지를 얻게 되는 것입니다.

이것은 창조입니다. 창조와 창의가 다른 점이 있다면 창조는 '무(無)'에서 '유(有)'를 만들어 내는 것이고 창의는 '유(有)'를 '업그레이드'하여 새로운 것을 만들어 내는 능력이라 할 수 있습니다. 당연히 창조가 상위입니다.

책을 통한 놀이의 창조력에 다양성이 통합적으로 작용하는 아이의 사고능력은 그 한계가 무한합니다. 이렇게 내재된 아이의 능력이 언제 어떻게 발현될지는 아무도 알지 못합니다. 고무적인 사실은 이렇게 내재된 스키마는 그 생애의 원동력이 되고, 결정적인 순간에 이 경험들을 반추하여 자기성장을 하기도 하며 문제해결을 이끌어 낼 수도 있다는 것입니다.

대부분 명작동화라고 읽히는 옛이야기는 본래 아이들의 책이 아닌 성인을 위한 책이었습니다. 따라서 상당 부분 잔인하고 끔찍한 부분들이 있습니다. 『헨젤과 그레텔』에서 마녀가 아이들을 잡아먹으려고 하는 방법들이나 『신데렐라』에서 유리 구두를 억지로 신기기 위해서 새엄마가 새언니들의 발뒤꿈치를 칼로 잘라 내는 장면이 그것입니다.

어른들이 생각하기에는 이런 장면들은 아이의 발달에 부정적 영향을 미칠 수밖에 없다고 단정 지을 수 있습니다. 그러나 이 시기

그래? 그렇구나!

의 아이들의 개념은 끔찍하고 잔인한 것에는 별 반응을 하지 않습니다. 부분보다는 전체, 방법보다는 저들의 욕구가 해결되는 장면에 더 의미를 둡니다.

그것은 아이의 발달단계상 생각하는 사고의 틀 때문이기도 하고, 이 부분은 좀 더 성숙한 단계에서 사고할 과제이기 때문이기도 합니다.

『늑대와 일곱 마리 아기 염소』에서 아이들은 엄마 염소가 늦게 나타나 늑대 배 속을 가위로 가르고 먹혀 버린 아기 염소들을 구하는 것에 희열을 느끼며, 그 순간에 억압되어 있는 자신을 정화합니다. 성공했다는 뿌듯함을 가슴에 안고, 아기 염소가 구출되어 안도의 한숨을 쉬며 위로와 평안을 맛보게 되는 것입니다.

마지막으로 책 읽기 교육의 중요한 점은 교육자가 절대로 앞서 가지 말라는 것입니다. 부모들이 가장 실수하기 쉬운 부분을 몇 가지 살펴보기로 하겠습니다.

중학생의 방에 박사들의 연구논문들이 시리즈로 놓여 있다고 생각하면 여러분은 어떤 느낌을 받으시겠습니까? 책만 보고 있어도 가슴이 답답할 것입니다.

처음 부모들은 아이에게 어떤 책이 좋을지 고심합니다. 아무것도 모르고 키우다 보니 큰아이에게는 책도 제대로 갖추어 주지 못한 것 같아 작은아이에게는 좀 더 신경을 쓰고 싶습니다.

만 세 살까지 아이에게 맞는 책은 글자가 없는 그림책입니다. 그런데 책값도 만만치 않고, 네 살짜리 언니도 함께 봐야 한다는 생각을 하지 않을 수가 없습니다. 그러므로 어차피 클 거니까 하고 네 살짜리 언니와 함께 볼 수 있는 책들을 사게 되는 것입니다. 한글도 깨우쳐야 할 것 같으니 그래도 글자가 있는 그림책을 사게 되겠지요.

한 어머니는 아이들에게 사 주었던 책을 그 아이들이 대학생이 되었는데도 아직도 소장하고 있다고 말씀하셨습니다. 그 책들을 바라보고 있으면 아이들의 어린 시절 모습이 눈에 그려지고, 그 순간 얼마나 행복을 느끼는지 모르겠다고 하십니다.

저는 지금도 아이들이 한두 살 때 보았던 그림책을 강의 중에 사용할 때가 종종 있습니다. 유아기 그림책들 중에도 고정관념, 가치, 감정 등의 주제에 적합한 책들이 많이 있기 때문입니다.

아이들이 서너 살 때 읽어 주었던 짧은 애니메이션 동화를 가지고 우수한 패러디 작품을 만들어 보는 논술 강의를 한 적도 있습니다. 얼마나 다양한 이야기가 만들어지는지 여간 흥미로운 게 아닙니다.

글자가 없는 그림책은 처음 아기가 접하는 책이라 할 수 있습니다. 아이는 부모의 이야기를 통해 상상을 하며 그림책을 읽어 나갑니다. 얼마나 자세히 읽는지 엄마들은 깜짝깜짝 놀랄 때가 많습니다.

아이가 그림책을 보는 이 시기가 아이의 일생에서 가장 무한한 깊이까지 상상력과 관찰력을 만들어 내는 시기라고 보시면 됩니다.

아이는 자신이 무심코 그냥 넘긴 그림의 모양과 형태, 색깔, 내

그래? 그렇구나!

용까지 기억해 냅니다. 아이의 능력이 엄마의 능력을 능가하는 순간이 얼마나 많은지 알 수 없을 정도입니다. 아이의 상상력을 따라갈 수 있는 성인은 없습니다.

세상을 주도하는 과학의 기초가 상상력이 아닐까요? '창의력'에 대해 수없이 얘기하지만, 정작 그 창의력을 어떻게 계발시켜 줘야 하는지 모르는 어머니는 아이의 발달에 맞는 적절한 시기는 다 놓쳐 버리고 엉뚱한 수고만 하게 되는 것입니다.

관찰력과 상상력이 창의력의 '싹'인 것을 좀 더 일찍 알았더라면, 시기를 놓친 후에 '창의력 학습지'로 아이를 달달 볶는 수고는 하지 않아도 될 텐데 말입니다. 한글을 빨리 깨우쳐 스스로 책을 읽게 하고 싶은 많은 부모님께 조금 여유를 가지라고 권하고 싶습니다.

글자를 읽는 아이는 그림을 보지 않습니다. 글자를 보기 시작하면 아이들의 상상력과 관찰력은 현저하게 줄어듭니다. 보아도 건성으로 보고 지나갑니다. 어른과 똑같아지는 것이지요.

그림책을 다양하게 아주 많이 함께 읽고 가지고 놀라는 말을 전하고 싶습니다. 제 시기에 필요한 책을 읽게 하라고 권하고 싶습니다.

아이가 보는 책을 보면 그 아이의 발달단계와 지적 수준을 알 수 있습니다. 아이들은 자신에게 맞는 책을 보게 되어 있습니다.

많은 부모가 미리부터 아이에게 읽히면 좋을 것 같아 위인전기나 과학 시리즈를 구입해 책장에 꽂아 줍니다. 언젠가는 필요한 것이고, 아이가 보기 쉬운 곳에 꽂아 놓으면 쉽게 볼 것 같기 때문입니다. 하지만 자신의 수준보다 훨씬 높은 책을 권할 때 아이는 책을 피해 다니게 될 것입니다.

한 어머니가 질문을 합니다.

"세 살짜리 남자아이인데 공룡 책만 봅니다. 너무 봐서 너덜너덜 해진 책을 어딜 가나 가지고 다니고 늘 끼고 삽니다. 그래서 너무 걱정이 됩니다."

이 아이는 다른 책에 흥미를 느끼지 못합니다. 어머니는 아이가 다양한 책 읽기를 했으면 좋겠다고 생각합니다. 그러나 이 아이는 분명 좋은 환경만 주어지면 학자 스타일의 아이가 될 것입니다. 끊임없이 탐구하기 때문이지요. 공룡 그림을 볼 때마다 느낌이 다르고 생각이 다르고 다른 상상을 하기 때문에 그 책을 끝낼 수가 없는 것이라 생각하면 맞을 것입니다. 어린아이의 집중력 시간 치고는 대단하지 않나요? 그 엄마에게 한턱내라고 했습니다. 한턱내도 되지요. 그런 아이가 자신의 아이라는 사실은 자랑스러운 일이니까요. 그러나 이렇게 훌륭하게 타고난 아이들을 부모들이 무참히 무시해 버립니다.

"○○야, 공룡 책을 한 권 읽고 나면 다른 책도 한 권 읽자. 한 가지 책만 보면 안 돼. 너 한 가지 음식만

먹으면 어떻게 되는 줄 알아? 살도 안 찌고 키도 안 크고 나중에 아파서 병원에 가야 할지도 몰라……."

아무 데나 갖다 붙일 말이 아닌데, 듣기에는 그럴싸합니다. 젖을 먹고 있는 아기에게 큰 아이들이 먹는 음식을 차려 놓고 한 가지만 먹으면 안 큰다고 협박하는 것이나 다를 게 없습니다.

이 부모는 이렇게 해야 합니다.

"○○야, 그 공룡 이름이 뭐야? 그 공룡은 무얼 좋아하니? 걔네 집은 어디야? ……."

"우리 오늘은 서점에 가서 공룡 몇 마리 더 분양해 오자."

"다른 애들은 한두 번 보면 안 보는 책을 너는 6개월 이상 들고 있는 것을 보니 네 연구심이 대단하다. 엄마 생각엔 넌 무엇인가 깊이 생각하는 재능을 가진 것 같아. 이다음에 아마도 훌륭한 과학자가 될 수 있을 것 같은 생각이 드는데?"

상상을 안 해도 우리는 이 아이의 하루가 어떤 기분으로 마무리될지 짐작할 수 있습니다. 일반적인 아이들 중에 초등학교 고학년이 되어서도 공룡 책을 들고 다니는 아이는 드뭅니다. 공룡에 대한 호기심의 욕구와 상상이 끝나면 아이는 또 다른 매체로 탐색의 렌즈를 옮기는 것입니다. 이때 어머니가 해 줘야 하는 것은 칭찬, 격려, 지지, 그리고 또 다른 공룡들에 관한 책을 접하게 해 주는 것입니다.

아이의 발달단계와 마찬가지로 독서의 단계도 무시될 수 없습니다. 태아기에는 책 없이 부모의 이야기를 듣다가, 태어난 후에는 부모의 품 안에서 그림책을 읽고, 한두 줄의 글자와 그림이 있는 이야기책을 읽다가 서서히 그림 반 이야기 반인 책으로 넘어가고 최종적으로 그림 없이 글만 있는 책을 읽게 됩니다. 책의 분야도 옛이야기에서 동화와 판타지로 다양해지고, 초등학교 중학년 이상의 고학년이 되면 과학이나 역사 속 인물의 이야기를 편하게 읽습니다.

일반적으로 남자아이와 여자아이의 독서성향은 조금 다르지요. 여자아이는 정서적인 문학(동화, 판타지, 소설)을 선호하고, 남자아이는 문학보다는 과학이나 역사, 인물을 선호하는 경향이 있습니다.

책을 좋아하는 아이임에도 간혹 독서편식을 하는 아이들이 있는데, 그 이유는 기질적인 것일 수도 있고, 초기교육에서 부모가 그 다양성을 생각하지 않아서 그렇게 된 것일 수도 있습니다.

그러나 대부분 책과 친구가 된 아이들은 욕구 안에 다양성을 지니고 있기 때문에 별 문제가 되지 않는다고 볼 수 있으며, 한시적으로 나타나는 편식은 얼마든지 바로잡을 수 있습니다.

### 우리 아이는 책과 무엇을 하는가

이제 우리 아이는 책과 무엇을 하는지 살펴보기로 하겠습니다.

감각운동기의 아이들이라면 그 감각에 긍정적 자극을 줄 수 있는 정도의 책이면 되겠지요. 애절한 엄마의 육성으로 읽어 줄 수 있고, 이야기해 줄 수 있고, 함께 느낄 수 있는 그림책들이 되겠지요.

이 시기에 부모들은 아이에게 가장 자주 육성을 들려주어야 하는데 평상시 아이와 주고받는 대화만으로는 단어에 한계가 있습니다. 따라서 이 시기에는 아이의 책 읽기를 어머니의 음성으로 대신하는 책 읽기로 만들어야 합니다.

처음에 아기는 부모의 책 읽기를 알아들을 수가 없어서 감각적인 것만을 받아들입니다. 사춘기나 성인기 감성의 몇십 배가 넘는 감성의 기본작업을 이 시기에 하는 것입니다. 즉, 잠들기 전 부모가 아이에게 읽어 주는 책 읽기는 내용정리도 아니요, 지은이의 사고도 아니요, 어떤 사건의 결말도 아니라 단지 부모에게서 느끼는 최고의 안전성, 부드러움, 평안이 되겠지요. 목적지를 향하여 계단을 오르는 것과 같다고 생각하면 됩니다.

태아부터의 단계적 발달을 무시하고 2, 3세가 되어서 어느 날 갑자기 책을 시리즈로 구입하여 시작하는 책 읽기는 벌써 무리가 간다는 이야기를 하고 싶은 것입니다.

처음 아이가 부모의 무릎에서 바닥으로 내려오면 구체물을 가지고 놀이를 시작합니다. 자아도 형성되기 시작하고, 이때부터 아이는 책과 놀이도 시작합니다.

2, 3세가 되면 아이의 상상력은 부모의 예상을 뛰어넘습니다. 식상한 일상을 되풀이하는 부모는 감히 상상할 수 없을 정도입니다. 이제 서서히 아이는 말을 배우고 그 내용을 인지하는 작업을 하면서 자신이 접속하는 책의 세계 속으로 들어가는 경험을 합니다.

성공적인 책 읽기의 다음 단계는 아이가 좋아하는『아기 돼지 삼형제』책을 가지고 자신이 그 책의 한 부분이 되어서 친구와 놀듯이 놀이를 경험하는 것입니다. 책으로 아기 돼지의 집도 짓고, 『백설공주』의 난쟁이들 침대를 만들어 그 위에 직접 누워 보기도 하는 것입니다. 『오즈의 마법사』에 나오는 주인공들이 오즈의 성으로 가는 길을 책으로 만들어 놓고 그 위를 걸어 보기도 하면서 책과 놀이를 하는 데 성공해야만 합니다.

그러나 많은 부모의 머릿속에는 '세 살 버릇 여든까지 간다.' 는 생각이 있어서 아이에게 더 가치 있다고 생각하는 교육을 시작합니다. 책을 방바닥에 깔아 놓고 밟고 다니는 것을 수용하기가 힘듭니다. 책에 물이 엎질러지고, 먹다 남은 과자 부스러기와 크림이 묻어 범벅이 되는 것을 참아 내기가 힘든 것입니다. 아이가 책과 친구가 되어 놀다 보면 책은 찢기고 물이나 주스가 묻어 볼 수 없게 되는 경우가 많습니다.

부모의 머릿속에는 이 시기에 정리정돈하는 습관을 길러 주어야 할 것 같은 생각이 훨씬 크게 자리 잡고 있습니다. 그래서 아이에게 말합니다.

"책은 책꽂이에 꽂아 두고 필요한 책은 한두 권만 꺼내 보는 거야. 하나를 다 보고 다른 책을 또 보면 되잖아?"

"책은 소중히 다뤄야 해. 책에 지저분한 것을 이렇게 묻히면 다음에 볼 때 기분이 좋지 않잖아?"

그러나 아이들은 자꾸만 책을 꺼내 놓습니다. 자기 놀이 속에는 다양한 책이 필요하고, 책꽂이에 있는 책들을 꺼내는 것은 여간 불편한 게 아닙니다. 그러나 부모는 다시 책들을 정리해 주면서 정리하는 습관을 관철시키고야 말겠다는 의지를 드러냅니다.

아이들은 집중력이 짧기 때문에 한곳에서 오래 놀이를 하지 않습니다. 이곳저곳 옮겨 다니며 놀이를 합니다. 그러나 그 놀이는 또 다른 놀이와 연결되어 있는 경우가 있습니다. 따라서 다른 놀이에서 다시 책과의 놀이로 돌아왔을 때 방바닥에 있던 책이 깨끗이 치워져 있다면 아이는 더 이상 놀이를 하지 않을 뿐더러 부모의 메시지를 읽기 시작합니다. 자신의 욕구를 앞세우기보다는 부모의 마음에 들게 행동하여 자신이 사랑받고 칭찬받는 것이 더 중요해지기 때문에 부모가 원하는 대로 정리정돈을 잘하는 아이로 자라면서 책과는 점점 멀어지기 시작합니다.

이 시기에 아이들이 보는 책은 좀 찢어지고 너덜너덜해져도 괜찮습니다. 오히려 아이들은 새 책보다 그런 책을 늘 애지중지하게 다루며 같이 있고 싶어 하는 경우가 많습니다. 친구가 된 것이지요. 책이 정말 못 쓰게 되면 겉표지만 다시 제본을 해 주어도 되고, 똑같은 책을 다시 사 주어도 되는 것입니다.

책과 친구가 되는 경험을 학습할 수 있는 시기는 불행하게도 다시 돌아오지 않으며, 아무리 큰돈을 지불한다 해도 그런 경험을 가르치는 과외나 학원은 없습니다.

아이가 책과 친구가 되는 것에 성공하면 아이는 책을 함부로 다루지 않습니다. 자기 자신처럼 소중하게 생각하게 되는 것이지요. 그렇다고 정리정돈을 가르치지 말라는 것은 아닙니다. 하루에 두세 번 정도 흥겨운 음악을 틀어 놓고,

3장 책 읽기

"책들도 자기 침대에서 쉬는 시간을 주자."
하며 정리를 함께해 주면 됩니다.

책과 진정한 친구가 되지 않은 아이가 아무리 초등학교 시절에 책을 많이 읽고 책을 좋아하는 것처럼 보여도, 이것은 잠시 책에 있는 감흥에 머무는 것일 뿐 책을 통하여 카타르시스를 경험하는 훈련에는 실패한 것입니다.

이런 아이들은 중·고등학교에 가면 겨우 수행평가를 위한 과제로 책을 읽을 뿐 책을 친구처럼 생각하지 않습니다. 더 이상 책 속에서 진정한 교감과 카타르시스를 얻는 것이 쉽지 않습니다.

우리나라 사람들이 다른 나라 사람들과 비교할 수 없을 정도로 성인이 되어서 책을 안 읽는 이유가 여기에 있다고 생각합니다. 성인이 될수록 책과는 더 멀어질 수밖에 없겠지요. 전 국민 책 읽기 운동 같은 것도 하나의 행사에 불과할 수밖에 없는 이유도 바로 이것입니다.

진하는 고등학교 2학년 남학생으로, 책과 친구된 경험이 있는 아이입니다. 쉬는 시간 없이 공부에 열중하다가도 잠깐 쉬는 시간에는 종종 침대에 누워 책을 봅니다.

"진하야, 쉴 때는 그냥 쉬는 게 어때?"라고 물으면,

그래? 그렇구나!

"엄마, 이게 쉬는 거예요. 책을 읽으면 머리가 시원해지고 안정이 되는걸요."라고 말합니다.

어느 때는 밤늦게까지 공부를 하고 나서 엄마 생각에는 빨리 잤으면 좋겠는데 책을 보고 있는 것입니다. 엄마 딴에는 잠이 모자라니까 잠을 조금이라도 더 자면 에너지가 충전될 것이라 생각한 것이지만, 진하 자신은 책을 잠시 읽고 자는 것이 에너지를 충전하는 방법이기 때문에 그렇게 하는 것입니다.

책 속의 정서로 계산하고 암기하는 식의 혼란스러운 머리를 잠시 쉬게 해 주는 것입니다.

사춘기 청소년은 자아정체성의 불안감 속에서 또래가 함께 있음으로써 안전을 얻고자 하는 욕구를 지닙니다. 어른도 아닌 것이, 아이도 아닌 것이, 도대체 이러지도 저러지도 못할 수밖에 없는 자신의 위치가 혼미하기만 한데 책 속에 있는 자기와 같은 주인공을 만나면 위로를 받게 되는 것입니다.

그들은 때때로 대리만족을 하기도 하고, 의논 상대가 되기도 할 것입니다. 혈기왕성한 시기에 공부한다는 것이 쉽지 않고 많은 노력과 연습에도 미래가 투명하지 않아 두렵기만 할 때, 책 속의 인물들은 투명한 그림을 그리면서 결말을 드러내니 자신감을 얻을 수 있는 것입니다.

### 도대체 그 속에 뭐가 있는 거야?

독서와 관련된 서적에 흔히 나와 있는 기본적인 것들은 될 수 있으면 이야기하지 않으려 합니다. 책 속에 길이 있다거나, 책을 통해서 지식과 정보창의성, 통합적 사고 등을 갖게 된다는 것은 이 책에 열거하지 않아도 어디서든 쉽게 찾아볼 수 있기 때문입니다.

여기서는 아이들과 책 읽기 교육을 하면서 아무 계획도 없었는데 얻어진 진귀한 것들에 대해 몇 가지 이야기해 보려고 합니다.

첫 번째는 한글을 가르치지도 않았는데 글자를 저절로 익혔다는 다섯 살 된 소희의 사례입니다.

 어느 날 소희 어머니가 책을 읽어 주고 있는데 그날은 아이와 어머니가 한 줄씩 번갈아 가며 읽기를 하자고 제안하였습니다. 아이들은 그림을 보고 책을 읽기 때문에 어머니가 글을 한 줄 읽으면 아이는 거기에 맞추어 그림을 보고 이야기를 만들어 가게 됩니다.

그런데 어머니가 읽은 그다음 줄을 아이가 틀리는 글자 하나 없이 읽었습니다. 처음에는 너무 많이 읽어 주어서 외웠나 보다 생각했습니다. 책 읽기는 마라톤식으로 계속되었고, 그러한 마라톤식 책 읽기는 한 사람이 책을 읽고 있는 것처럼 보였습니다.

그래서 이번에는 아이에게 익숙하지 않은 책을 하나 선택해서 읽기 시작했습니다. 그런데 어머니가 한 줄 읽고 나자 아이가 곧바로 그다음 문장을 읽는 것이었습니다.

어머니에게 그때 그 기분은 무엇과도 비교할 수 없는 '환희' 그 자체였으며 아이가 시집을 간 지금도 어머니는 그 일을 잊을 수가 없다고 합니다. 가슴이 얼마나 뭉클하고 맥박이 빠르게 뛰던지 양팔에 소름까지 돋을 정도로 감동을 받은 사건이라 했습니다.

교육열이 높은 소희 어머니의 친구들은 자기 아이가 2, 3세 때 한글을 다 깨우쳤다며 자랑을 합니다. 하지만 한글을 일찍 깨우친다는 것은 얻는 것보다 잃는 게 더 많은 것을 알고 있었던 터라 도무지 부럽지 않았고, 도리어 아이가 불쌍하다는 생각이 들었다고 합니다.

소희 어머니는 교육에 대한 첫 성공의 열매인 아이의 한글 깨우침이 얼마 동안 자신의 자존감을 높여 주는 역할을 충분히 했다고 회상합니다.

어머니가 아이를 부둥켜안고 칭찬해 주면서 어떻게 책을 읽을

수 있었냐고 물었더니,

"그냥 저절로 ……."라고 대답했다고 합니다. 물론 저절로 되는 것은 없습니다. 하지만 그냥 저절로 읽을 수 있었다는 말이 또 맞기도 합니다. 이야기 들려주기, 책 읽어 주기, 함께 읽기, 번갈아 가며 읽기 등 많은 방법이 있지만 그것을 아이는 학습이라 생각하지 않는다는 것입니다. 아이가 눈치채지 못하게 하려 한 부모의 교육 방법인 것입니다. 아니, 그보다는 책과 친구되는 경험으로 얻은 덤 같은 선물이라 말하고 싶습니다.

어떤 어머니는 아이와 차분한 마음으로 마주 앉아서 종이 위에 'ㄱ, ㄴ, ㄷ, ……'을 써 놓고 읽어 보라 했더니 아이가 못 읽었다고 합니다. 자음만 홀로 있는 글자를 읽어 본 적이 없었기 때문입니다. 'ㅏ, ㅑ, ㅓ, ㅕ, ……'도 마찬가지로 읽지 못했습니다. 이 글자가 합쳐져서 소리가 나는 것이 궁금하지 않냐고 물었더니 아이는 전혀 궁금하지 않다고 했습니다. 그래서 결국 자모음은 유치원에 가서 공부했다고 합니다.

한글을 깨우치려고 들이는 시간, 경비(학습지, 한글교육서 등)와 노력을 생각한다면 한글을 깨우치는 최고의 방법은 책 읽기인 셈입니다.

같은 동네에 동갑내기 아이들이 다섯이 있었는데 소희만 유독 한글공부를 하지 않고 있었기 때문에 이 사건은 대단한 사건이었을 것입니다.

다른 아이들은 학습지 선생님이 방문하여 일주일에 두 번씩 한

그래? 그렇구나!

글교육을 하고 갔으며, 어머니들도 선생님의 지시에 따라 여기저기 한글카드를 붙여 놓고 한글교육에 집중하고 있었습니다. 아마이 어머니들은 소희 어머니를 이상하게 생각했을지도 모릅니다. 교육을 시키는 것 같기는 한데 자기들과 너무 다른 방법을 사용했으니까요.

책 읽기 사건으로 소희는 유아기에 할 수 있는 자기주도적인 학습을 준비하는 데 성공한 셈입니다. 창의적 사고, 즉 상상력과 관찰력, 호기심을 키우는 것이 먼저였기 때문에 한글은 후에 더 쉽게 깨우칠 수 있을 것이라고 생각은 했지만, 저절로 되리라는 생각은 소희 어머니도 하지 못했을 것입니다. 이야기 속에서 그림을 나름대로 완벽하게 판독하고 상상한 후에야 이야기 내용에 맞게 글자에 눈을 돌렸을 것이라는 생각을 하면 어머니는 지금도 기분이 좋아집니다.

자기주도적인 학습의 성공적인 첫 발걸음은 이후 아이가 자율성을 가진 한 인간으로 자라는 데 꼭 필요한 첫째 덕목임을 알기 때문에 어머니는 기쁨이 더 컸을 것입니다.

두 번째, 책 읽기는 자신에게 가장 맞는 인생의 길을 찾게 해 줍니다. 잠시 저의 이야기를 하려고 합니다.

 고등학교 때 제 모습은 정말 발랄하고 에너지 넘치는 성격이었습니다. 전교생이 친구일 정도로 활동적이었고, 집 주위에는 항상 기다려 주는 친구가 있었고, 언제라도 함께 할 친구들이 많았습니다.

세월이 흘러 결혼을 하고 서울에서 천안으로 이사를 와서 첫아이를 낳았는데 '다운증후군'이었습니다. 아이가 태어난 후, 제 모습 어디에도 이전의 저는 없었고, 살 의욕을 잃어버렸습니다. 누군가 제게 "소원 한 가지만 말하라." 한다면 "내일 아침 일어나지 않게 해 주세요."라는 것이 나의 소원이었습니다. 매일 죽고 싶다는 소리를 되뇌며 하루하루 고통스러운 시간을 보냈습니다.

어느 날 여동생이 찾아와서 더 이상 두고 보지 못하겠다는 어조로 "언니는 자식이 무엇이라고 생각해?"라고 물었습니다. 그러면서 자기는 자식을 신이 주신 '선물'이라고 생각하는데 저는 자식을 자기 소유물로, 자신의 한 부분으로 생각한다며 그것은 어리석은 생각이라고 말했습니다.

"진주는 진주고, 언니는 언니야. 진주가 저렇게 태어났다고 언니가 장애를 입은 것도 아닌데, 언니가 정신 차려서 진주를 더 잘 키우고 사람답게 살 수 있도록 교육시켜야 되는 거 아니야?"라며 선물로 받은 것이니까 감사하면서 제가 할 수 있는 최선을 다하면 그만이라고 말했습니다.

누군가에게 선물을 줄 때 우리는 그 사람에게 꼭 필요한 것을 준비하려고 애쓰고, 선물을 받는 사람이 요긴하게 잘 사용했으면 좋겠다는 생각으로 선물을 고르는 것 아니냐며, 저는 선물 받을 자격이 없다고 동생이 말했습니다. 하나님이 제게 꼭 필요하기 때문에 첫째 딸로 '진주'를 준 것인데 어떻게 선물을 그런 식으로 받냐는 것이었습니다.

　동생은 일방적으로 자기가 하고 싶은 말만 하고 가 버렸습니다. 하루 종일 아무 일도 손에 잡히지 않고 동생의 이야기만 머릿속에 윙윙거렸습니다. 전화를 걸어서 동생을 집으로 오라고 하여 딸을 맡기고 서울로 갔습니다. 제일 큰 서점으로 가서 책을 골랐습니다. 그저 제목만 보고 책을 골라 아이가 잠잘 때마다 책을 읽기 시작했습니다. 지금 생각해 보면 그 책들은 거의 이론서적이었고, 어려운 단어가 많아서 두꺼운 국어사전을 옆에 놓고 찾아 가며 책을 읽었습니다. 처음 한 권의 책을 읽는 데 2주일이 걸렸고, 일곱 권의 책을 읽고 나니 국어사전이 필요 없게 되었으며, 열 권을 넘어가니 책 읽기가 수월해졌습니다.

　신기하고 생각해 보지 못했던 교육에 대한 지침들을 읽으며 마음이 두근거렸던 것을 기억합니다. 교육에 관한 책을 스물일곱 권 읽고 나니 자녀교육에 대한 자신감이 생기고, 터널을 관통하는 대로가 끝없이 제 앞에 뚫려 있는 것 같은 느낌이었습니다. 그 후 누구에게도 물어볼 필요가 없었고, 방송이나 시민회관에서 유명한 사람이 자녀교육 강연을 한다고 해서 들어 보면 이미 제가 다 알고 있는 내용이 대부분이었습니다. 계속적인 책 읽기는 저의 배경지식을 넓혀 주었고, 두 자녀를 키우면서 주위 사람들에게 '자녀교육, 부모교육' 강의를 하게 해 주었으며, 결국 책까지 쓰게 해 준 것입니다.

　책 읽기를 통해서 자아를 실현할 수 있었고, 태산같이 암담한 문제를 해결할 수 있었으며, 보다 투명한 미래의 그림을 그리며 살 수 있게 된 것입니다.

　책과의 인연을 글로 쓴다면 그 분량이 매우 많고, 할 이야기 역시 매우 많습니다. 책에는 자신을 발견하게 해 주는 플러스알파가 있다는 것을 말하고 싶습니다.

　책 속에서 얼마나 많은 사람이 어린 시절 잃어버렸던 대상을 다시 찾고, 충분한 교감을 통하여 성숙하며, 마음으로부터 존경하는 대상을 찾고, 인생의 나아갈 방향을 다시 찾는지 모릅니다.

# Language Education
## 언어교육

# 언어교육

## 국어교육

　언어는 인간이 가진 큰 능력 중 하나입니다. 인간이 태어나면서부터 발달에 의해 획득하는 특별한 기술이며, 인간만이 가지고 있는 완전한 수단이기도 합니다. 또한 언어는 인간의 감정과 생각을 표현하게 하고 의사소통을 용이하게 하여 더 풍요로운 삶을 살도록 하는 데 절대적으로 필요하다 할 수 있습니다.

　기본적으로 부모가 아이를 교육함에 있어 그 발달단계와 시기를 놓쳐 실수하는 것을 미연에 방지하자는 뜻에서 한자와 외국어, 그리고 순수 우리 글인 국어를 교육하기 위해 준비할 수 있는 과정들을 이야기하고자 합니다.

　촘스키(Chomsky)의 LAD(language acquisition device, 언어습득장치)에 동의할 수밖에 없는 것은 인간의 언어발달이 보편적이고 일정한 순서를 거친다는 특징을 무시할 수 없기 때문입니다.

　아이가 처음에는 그저 문장에 섞인 단어들을 그대로 듣기만 하다가 30개월이 되면 어휘력이 빠르게 증가하여 의사소통의 목적을 가지고 말을 시작합니다. 2개의 단어를 많이 사용하지만 아이에 따라서 3~5개의 단어로 문장을 구사하기도 합니다. 물론 앞뒤 문맥이 맞지 않아 때때로 어른이 이해하지 못하는 말을 하기도 하지만, 아이의 이해력은 뛰어납니다.

언어발달이 거의 완성되는 시기는 3세입니다. 어른의 언어 형태와의 차이점은 문법적인 면보다는 그 스타일에서 다르다고 할 수 있는 것입니다.

4세가 되면 1,000단어 이상을 사용하며, 80% 이상의 사람들이 알아들을 수 있을 정도로 명백한 말을 합니다.

이러한 근거를 토대로 어머니가 태아에서부터 3, 4세까지 하는 품 안의 교육이 아이에게 미치는 영향을 잘 알 수 있습니다.

책 읽기에서 다루었던 것처럼 어머니의 태아교육부터 유아기의 책 읽기, 그림책 읽기는 아이의 두뇌에도 큰 영향을 미칩니다. 감정조절과 정서발달에 신경 쓰는 어머니의 교육은 연구할수록 그 효용가치가 크다고 볼 수 있습니다.

읽기에서 충분히 다루어야 할 중요한 것은 느끼기입니다. 읽기에서 느끼기를 충분히 하지 않고 넘어가면 아이는 정서표현의 기회를 잃어버립니다. 이 내용에 대해서는 정서를 다루면서 많이 이야기했으므로 넘어가도록 하겠습니다.

인간의 문제점들 가운데 큰 고민이 되는 문제는 정서표현을 제대로 하지 못함으로써 의사소통이 되지 않아 일어납니다. 그러므로 읽기는 의사소통의 중요한 부분임을 다시 한 번 기억하시기를 바랍니다.

이제 아이는 쓰기를 위하여 연필을 잡습니다. 처음 아이가 하는 쓰기는 그림(끄적거리기)이지만, 3, 4세가 되면 글자를 쓰기 시작합니다. 이때 부모가 아이와 재미있는 놀이 형식으로 만들어야 할 중요한 학습이 있는데, 그것은 연필을 바로 잡는 연습을 함께하는 것입니다.

이 나이의 아이는 소근육 발달이 진행 중이기 때문에 소근육 발달에 필요한 손가락을 사용할 수 있는 놀이(찰흙으로 만들기, 레고, 퍼즐 등)를 하는 것이 도움이 됩니다. 그러면서 연필과 스케치북을 이용하여 동그라미 이어서 그리기나 사선 긋기, 가로선 긋기, 세로선 긋기, 네모 그리기, 세모 그리기 놀이를 많이 하라고 권하고 싶습니다.

이때 부모의 자상함이 아이가 예쁘고 바른 글씨를 쓸 수 있도록 만들어 줍니다. 글씨체 역시 오랜 시간 학습해야 하는 습관으로 한번 굳어지면 교정하기가 쉽지 않습니다. 보통 아이들이 예쁜 글씨 학원에 2년 정도 다녀야 글씨체를 교정할 수 있다고 볼 때 적절한 시기에 맞는 학습놀이가 중요하다 할 수 있습니다.

## 한자교육

투박하고 낡은 뼛조각에 4,000년의 역사가 있습니다. 그 안에 사람들의 삶이 있고, 나라의 흥망성쇠가 있습니다. 이것이 한자입니다. 갑골문 해독에서 시작된 한자를 통해 인간의 사고와 표현방법, 그리고 문화를 경험하는 것입니다. 물론 지금의 한자는 초기 옛사람들의 삶의 흔적을 함부로 재단하고 해석하여 많은 부분 변질된 것이 사실입니다.

한자와 관련한 전문가들처럼 한자를 통해 역사적 이데올로기와 민족감정을 말하는 것은 매우 어렵습니다. 단지 우리와 한자가 어떤 관계에 있으며 한자를 어떻게 친구로 만들 수 있는지를 고민해 보려고 합니다. 우리 인생에서 함께 가야 하는 것이라면 그것이 무엇이든 친구로 만들어야 우리 자신이 행복하지 않을까 하는 생각에서입니다.

흔히 한자를 공부하는 것이 외국어를 공부하는 것보다는 쉽다고 합니다. 외국어를 배우는 시간의 1/3만 투자하면 이 분야에 대해 전문가가 될 수 있다는 말이겠지요.

한동안 한글의 중요성과 한글사용운동 때문에 햇빛을 보지 못한 한자가 요즘 다시 머리를 쳐들고 세상 밖으로 나왔습니다. 아이들에게 이유를 물으면 나름대로 대답을 하는데, 공통된 대답은 이렇습니다.

첫째, 우리말의 70~80%가 한자이기 때문에 국어를 이해하는 데 한자가 필요하다는 것입니다. 아이들을 가르치면서 한자 어휘가 많은 것을 볼 때 한자학습은 필요하다는 생각을 합니다. 이것은 한글을 소중하게 생각하지 않는 것이나 등한시하는 것과는 다른 문제입니다. 한자를 알되 우리말을 더 잘 이해하고, 우리말로 바꾸어 사용하려는 연구를 더 많이 하면 되는 것입니다.

우리나라에서 접할 수 있는 한자는 2008년도에 단국대학교에서 완성한 〈한한대사전〉 총 15권 중 제1권에 수록된 6만 자 정도라고 합니다. 이처럼 한자의 수는 헤아리기가 곤란하고, 실제로 지금도 한자가 만들어지고 있다고 합니다. 해가 바뀔 때마다 수도 없는 한자가 사라지고 생기고 한다는 것입니다. 그러니 배우기 참 어려운 언어라 말할 수 있습니다.

그러나 우리는 그것을 걱정할 필요가 없지요. 우리는 우리 교육과정에 필요하고 우리 사회에서 통용되는 한자만을 배우면 됩니다. 그것은 3,800자 정도로, 하루에 두 자씩 외우면 초등학교 입학할 때부터 시작하여 졸업할 때 끝낼 수 있는 분량입니다.

타고난 아이를 제외하고 공부를 좋아하는 아이는 없습니다. 그래서 우리는 아이에게 놀이로 다가가야 합니다. 부모의 계획이 초등학교 입학부터 졸업까지 3,800자를 마치는 것으로 세워졌다면, 적어도 2~3년 전에 한자와 친구가 되게 하는 작업을 시작해야 하는 것입니다.

그러나 이것은 극비로 진행해야 함을 명심하시기 바랍니다. 아이가 부모의 의도를 알면 더 이상 놀이를 하지 않으려 할 것이고,

놀이를 하지 않는 아이는 학습을 할 수 없게 될 테니까요.

처음에는 한자 그림부터 시작하는 것이 좋습니다. 그림에 있는 한자 이야기를 해 주는 것입니다. 한자가 유래된 재미있는 이야기가 많이 있습니다. 그리고 아이와 놀이를 할 때 한자 그림이나 한자 사진을 놀이판에 붙이기도 하고 도구로 만들어 사용하기도 하면서 아이에게 눈도장을 찍습니다. 많은 시간이 지난 후 한자책을 구입해 주는데 처음에는 그림책, 그다음이 만화책입니다. 과학이나 한자는 만화책을 이용하여 그 친숙함을 더해 주면 아이들이 거부하지 않고 그 과목들과 친구가 되는 경우를 많이 봅니다.

그다음으로는 고사성어나 속담과 관련된 한자책을 이용하라고 권하고 싶습니다. 그런 후에 좀 더 흥미를 느끼고 호기심이 생기면 역사 속에 숨어 있는 한자, 예를 들면 삼국지 한자 만화와 같은 것이 많은 도움이 됩니다. 이런 과정을 밟으면 아이는 부모 앞에서 한자에 대한 이야기를 시작하게 되고 자신이 알고 있는 내용을 확인하려 합니다.

때로는 부모의 한자 실력을 시험하기도 하며 그 영역을 확장시켜 나가는 자율적인 학습 형태를 보입니다. 그때 실용한자로 자연스럽게 넘어가는 것입니다.

삼국지 만화를 읽고 난 정도이면 실용한자를 시작할 때 별 어려움 없이 흥미를 느끼는 단계에 접어들 수 있습니다.

한자교육에 대한 아무런 계획도 생각도 없다가 어느 날 옆집 아이가 한자를 술술 읽는 것을 보고 놀라서 한자책을 사 가지고 와서

던져 주며, "이제 너도 한자 공부를 할 때가 됐다."라고 말하는 부모 앞에서 아이는 가슴에 바윗덩어리를 얹은 것 같은 부담을 느낍니다. 그것은 아이에게 한자를 어렵고 부담스럽고 하기 싫은 학습으로 여기게 하여 자기주도적 학습모형을 형성하는 데 실패하게 만드는 원인이 된다고 볼 수 있습니다.

아이가 '가위로 오리기' 놀이에 빠져 있을 때 한자 그림책을 오려 기억력 카드를 만들어서 게임을 수없이 해 보라고 권하고 싶습니다. 저희 가족은 아이들이 만드는 것도 재미있어 하고 게임을 하는 것도 매우 흥미로워하여서 한동안 매일 저녁에 놀이를 했습니다.

### 한자 기억력 카드 만들기와 게임 방법

1. 4절 하드보드지를 가로 5cm, 세로 8cm로 잘라 카드를 만든다.
2. 한자 그림을 오려서 카드에 붙인다.
3. 2의 그림에 해당하는 한자를 오려서 다른 카드에 붙여 2의 짝을 만든다.
4. 아이의 수준에 따라 그림 1장, 한자 1장으로 만들 수도 있고, 한자 1장, 우리말 음 1장으로 만들 수도 있다.
5. 항상 짝으로 사용해야 하고, 처음에는 5쌍 혹은 7쌍 정도로 시작하며, 점차 그 수를 늘린다.
6. 카드를 뒤집어 놓고 돌아가면서 2장씩, 카드가 많은 경우에는 4장씩 뒤집어 모든 사람에게 확인시킨 후 다시 그 자리에 내용이 보이지 않게 놓는다(반드시 처음에 있던 자리에 카드를 놓아야 함). 이

때 4장의 카드 중 그림과 한자의 짝을 찾게 되면 그것은 자기의 것이 되고, 또다시 4장의 카드가 뒤집혀 있을 때까지 계속한다. 돌아가면서 하는데 항상 4장의 카드를 뒤집어 모두가 인지하게 한 후 다시 그 자리에 엎어 놓는다.
7. 다른 사람이 뒤집은 카드의 자리를 기억하고 그 자리에 무슨 그림, 어떤 한자가 있었는지를 기억해 놓았다가 그 짝을 맞추어 가져온다.
8. 가장 많이 카드를 가져온 사람이 승자가 된다.

## 언어(외국어)교육

 언어는 사람이면 누구나 사용하는 수단이며 기술입니다. 우리는 언어로 의사소통을 합니다. 언어활동을 세부적으로 나누어 배우고자 한다면 언어학자들의 논문이나 전문서적을 이용하면 되고, 여기서는 언어의 중요성과 발달, 그리고 효과적인 사용방법에 대해서만 생각해 보려고 합니다.
 언어의 중요성과 언어교육의 중요성에 관한 연구 중에 인간에게는 3~5세경에 생득적으로 언어를 학습할 수 있도록 내장장치가 있다는 주장이 있습니다. 그래서 그 시기를 놓치면 정상적인 언어를 구사하는 데 어려움을 겪는다는 것입니다. 그것은 유전적 결정체인 인간이라면 누구에게나 내재되어 있는 장치이며, 그 장치는 결정적 시기에 맞게 세팅되어 있는 것이라고 언어학자 촘스키는 주장하고 있습니다.

즉, 언어습득장치는 환경에 의해 언어를 습득하고 규칙을 세우며 문법체계를 처리하는 장치로 고등동물 중 인간만이 가진 능력이라는 것입니다. 그것은 일반적으로 인간이 일정 시기가 되면 두 발로 걷게 되는 것처럼 대개의 경우 인간마다 큰 개인차 없이 일정 시기에 말할 수 있게 된다는 것입니다.

세계 여러 나라의 아이들이 자신이 태어난 그 나라의 언어환경 가운데 살기만 하여도 그 나라의 언어를 할 수 있다는 사실로 이를 뒷받침할 수 있습니다. 다시 말해 생후 1년이 되면 특별한 학습을 하지 않았음에도 한국 아이는 한국어를 하고, 미국 아이는 영어를 하고, 프랑스 아이는 불어를 시작하게 된다는 것입니다. 요즘 아이들은 영어 환경이 제공되어 영어를 잘하는 경우가 많지만, 기성세대에 속하는 많은 사람은 10년 이상 영어공부를 했어도 영어를 유창하게 구사하기가 어려운 것이 이러한 주장을 뒷받침합니다.

오죽하면 미국에 사는 거지는 영어를 배우기 위해서 특별히 영어학원에 다닌 적도 없는데 영어로 잠꼬대도 하고 영어로 농담도 잘하며 발음 또한 끝내준다는 우스갯소리까지 있을 정도입니다.

그것은 언어가 새들이 태어날 때부터 가지고 있는 날 수 있는 능력과 같으며, 물고기가 태어날 때부터 가지고 있는 물속에서 살 수 있는 능력과 같다는 것입니다.

오래전에 아프리카 정글에서 한 소년을 발견하고 도시로 데려다가 온갖 좋은 환경을 만들어 주고 교육을 시켰습니다. 그러나 그

소년이 문화를 접하고 습득할 수 있는 데까지는 어느 정도 성과가 있었지만, 언어를 가르치는 데는 한계가 있었습니다. 이 역시 언어를 습득하는 데는 결정적 시기가 있음을 보여 줍니다.

그래서 촘스키의 이론을 과학적 근거가 불충분하다는 이유로 가상적 이론이라 비판하면서도 많은 언어학자와 심리학자가 그의 언어습득이론을 지지하는 것입니다.

레넨베르그(Lennenberg)는 브로카 (Broca)영역*을 이론화하면서, 인간의 뇌는 태어나서 2세 정도가 되기 전까지는 좌뇌와 우뇌가 분리되지 않은 상태이며, 그 기능은 12세가 되는 시점에서 좌우로 분리되면서 뚜렷해진다는 주장을 하며 그 근거를 제시하였습니다.

그것은 두뇌가 좌우로 분리되는 시기, 즉 2~12세 정도까지는 좌반구에서 언어능력을 대부분 담당하게 되고 기능이 한쪽으로 기울거나 고정된다는 것을 의미하는데, 이를 편재화(lateralization)현상이라 일컫습니다.

이 편재화현상은 12세 정도면 거의 끝나 고정되므로 이 시기에 언어발달이 제대로 이루어지지 않으면 결정적인 언어 손상을 입을 수 있다는 이론입니다. 이것을 토대로 볼 때, 12세가 넘으면 외국어 학습이 제한적으로 이루어질 것으로 예상됩니다.

----

\* 1861년 프랑스 외과의사 브로카(Paul Broca)가 발견한 것으로, 뇌의 앞부분에 위치하여 언어의 뜻이 통하도록 작용하는 영역이다. 혀와 입술을 조정하는 구역과 아주 가깝게 위치하며, 이 영역이 손상되면 'Broca 실어증'이라고 하여 어떤 말을 머뭇거리거나 말의 일부를 놓치게 되어 전보식 언어로 표현하기도 한다.

 어느 날 주성이 어머니에게 유치원 선생님으로부터 전화가 걸려 왔습니다.

"여보세요? 주성이 어머니, 안녕하세요?"

"네, 선생님. 안녕하세요?"

"언제 그렇게 주성이 영어공부를 시키셨어요?"

"네? 영어요? 무슨 영어요?"

선생님은 그날 유치원에서 있었던 일을 흥분된 어조로 이야기합니다. 발표회가 다가와서 프로그램 중 하나로 짧은 동화 구연을 넣으려고 아이들에게 동화 이야기를 하고 싶은 사람이 있는지 물었답니다. 그런데 주성이가 손을 번쩍 들면서,

"제가 할게요. 선생님."

"그래? 무슨 동화 이야기할 거야?"

"잭과 콩나무요."

"그래, 어디 한 번 해 볼래?"

주성이는 영어로 이야기하겠다고 말하고는, 혀가 척척 꼬부라지는 본토 발음으로 억양과 악센트까지 살리면서 마치 영어 테이프를 틀어 놓은 듯 줄줄이 이야기했다는 것입니다. 두 눈이 동그래진 선생님은 주성이에게 어디서 영어를 배운 것인지 물어보았지만 주성이는 영어 학원에 다닌 적도 없고, 집에서 어머니께서 영어를 가르쳐 주신 적도 없다고 말하더라는 것입니다. 그러니 깜짝 놀랄 수밖에요.

그날 저녁, 집으로 돌아온 아버지와 어머니를 앉혀 놓고 주성이는 영어이야기를 검증받았습니다.

4장 언어교육

기가 막힌 일이 아닐 수 없죠. 이런 일을 주위에서 들은 적도, 본 적도 없었으니까요. 그런데 따지고 보면 그리 신기한 일이 아님에도 모두 놀랐다는 것을 알 수 있습니다.

　주성이의 어머니는 아이가 태어나 6개월이 되었을 때부터 영어 동화 테이프를 틀어 주었다고 합니다. 어른들은 한 가지에 집중하면 틀어 놓은 텔레비전이나 라디오 소리가 들리지 않지만 아이들의 두뇌 구조는 확실히 다른가 봅니다. 아직 좌뇌와 우뇌가 분리되지 않은 이유일까요? 아이들은 놀이에 빠져 있으면서도 어머니가 틀어 주시는 영어 동화나 우리말 동화를 외우다시피 합니다. 그러니까 자그마치 6년을 매일 똑같은 영어 동화를 들었다면 줄줄 외우는 것이 그리 대단한 일도 아닌데 우리는 주성이의 사례가 신기하게만 생각됩니다.

　현재 고등학교 3학년인 주성이는 언어(국어, 영어) 실력이 매번 1등급을 받을 정도입니다. 지금껏 따로 돈을 들여서 언어를 배우기 위해 학원이나 과외를 다닌 적이 없었으니 참 신기한 일입니다.

　세계적인 언어학자 웹스터(Webster)의 부모가 어린 웹스터를 그렇게 가르쳤습니다. 웹스터의 어머니와 아버지는 국적이 달라 서로 다른 언어를 사용하였습니다. 아이는 동시에 두 나라 언어를 구사할 수 있는 교육환경을 제공받은 것이지요. 하지만 부모는 여기에서 그치지 않고 유모를 또 다른 나라 사람을 들이고 집에서 일하는 집사도 다른 나라 사람으로 둘을 들였습니다. 그리고 모두를 모아 놓고 다음과 같이 말합니다.

"여러분은 이제부터 우리 웹스터와 대화를 할 때 자기 나라 말로만 말해 주세요."

이렇게 웹스터의 언어학습은 시작되었고 그는 세계적인 언어학자가 되었습니다. 제게도 웹스터사전이 두 권이나 있습니다. 웹스터를 생각하면서 우리 아이에게 욕심을 좀 더 냈더라면 하는 후회가 들기도 합니다. 일어도, 불어도, 중국어도 테이프를 구해서 들려주기만 했더라면 하는 후회입니다. 물론 그렇게 할 경우 하나의 언어도 잘 배우지 못하고 혼동만 가져올 수 있고, 아이의 발달단계에도 맞지 않는다는 논리를 펴는 사람도 있을 것입니다.

그러나 이 세상에 이론은 다양하고, 더 중요한 것은 부모가 자녀의 속성을 누구보다 잘 알기 때문에 자녀에게 가장 잘 맞는 학습방법을 착안해 낼 수 있다는 것입니다. 즉, 아이의 학습방법은 부모의 교육관과 능력에 달려 있는 것입니다.

언어교육의 기본작업은 공부나 학습의 개념이 아닙니다. 교육을 실시할 때의 동기유발 같은 것이라고 보면 맞을 것입니다.

기본작업은 아직 도입단계도 아닙니다. 여기에서 단어공부를 한다거나 얼마나 알고 있는지 시험해 보는 질문도 하지 않는 단계입니다. 어린아이는 무수히 많은 단어와 문장을 되풀이해서 듣다가 어느 날 "엄마!" 하고 말이 터집니다.

그러면 그 부모는 '아빠'를 연습시킵니다. 그것을 따라 발음했을 때 부모는 최고의 기쁨을 맛보고, 칭찬을 받은 아이는 최고의 즐거움을 느낄 수 있습니다. (이런 식으로 동기유발이 되는 것입니다.)

모든 공부는 이렇게 해야 한다는 말을 하고 싶습니다. 책 읽기 주제를 다루며 언어를 잠시 언급했던 것을 기억하십니까? 우리나라 말은 부모의 책 읽기로 부족하지 않습니다. 아무리 외국어를 다양하게 들었다 해도 아이는 혼동하지 않습니다. 그것은 아이의 행동을 보면 알 수 있습니다.

아이들은 기본 감정을 그대로 드러내며 자기 기분대로 행동하는 특성이 있기 때문에 시끄럽고 혼동이 되는 외국어 테이프를 틀어 놓는 것을 싫어할 것입니다. 하지만 그런 경우는 교재를 잘못 선택했기 때문입니다.

그림책과 함께 있는 테이프는 부모가 그 언어를 해석해 줄 필요도, 읽어 줄 필요도 없습니다. 아이가 여러 나라 언어로 동화를 듣는다 해도, 아이의 뇌구조에 특별히 세팅되어 있는 체제 속에서 영어는 영어 폴더에만 저장되고, 불어는 불어 폴더에만 저장되며, 한국어는 한국어 폴더에만 저장되어, 뇌 속에서 뒤죽박죽 섞여서 생활에 혼동을 주는 일은 없다는 것입니다.

저는 개인적으로 처음에는 아이의 흥미를 유발하기 위해서 챈트(영어동요)를 많이 사용했습니다. 테이프가 다양한 것보다는 한 개의 테이프를 장기간 사용하는 것이 좋았습니다.

한두 개의 외국어 동화 이야기와 5년 이상 같이하면 일반적인 아이들은 그림책을 보며 쓰인 글자도 함께 보게 되고, 알고 싶어 하며, 궁금해하는 반응을 보입니다.

이때부터 놀이식으로 아이들의 발달단계에 맞는 학습법을 연구

하여 도입에 들어가며 학습을 시작하는 것입니다.

  암기식 혹은 주입식 공부는 알고자 하는 아이의 호기심과 탐구심을 빼앗아 가는 적입니다. 이 점만 주의한다면 아이는 외국어를 쉽게 익혀 능통하게 구사하는 아이로 자랄 것입니다.

  학원에 버리는 돈을 모아 두었다가 아이가 배우는 언어권 국가로 여행을 갈 수 있도록 계획하라고 권하고 싶습니다. 아이의 외국어 실력은 『잭과 콩나무』의 콩나무처럼 하루가 무섭게 달라질 것입니다.

  그리고 언어 사용에서 중요한 것이 있습니다. 그것은 언어가 의사소통의 매개체로써 전개되기 때문에 같은 내용의 말이라도 상대방과 때와 장소에 따라 다양하게 표현되는 특성이 있다는 것입니다. 즉, 상대방과의 관계, 듣고 말하는 시기, 그리고 대화하는 장소를 고려하면서 이야기를 하므로 상황에 따라 적절한 표현방법을 배울 수 있습니다. 그렇기 때문에 언어는 아이의 인격 형성에 영향을 미칩니다. 또한 언어는 문화의 일부분으로 인간에 대한 이해에까지 확장될 수 있으며, 성공적인 의사소통의 중요한 자원이기도 합니다.

  자신의 기분과 감정을 전달하기 위해서는 사용하는 단어의 뜻을 정확히 알아야 하며, 때로는 상대방의 비언어적인 메시지까지 읽어 내어 생각을 표현할 수 있어야 하기 때문에 언어는 고차원적인 자기 통합의 통로가 되기도 합니다.

# Synthesis Education

## 통합적 교육

## 통합적 교육

　십여 년 전 초등학교에서 '열린교육'을 시작하면서 그동안 획일적이고 주입식으로 이루어졌던 교육방법을 바꿔 보려는 시도가 있었습니다. 한 교실에서 자율적이고 자기주도적인 학생이 선생님이 제시하는 한두 가지 방법이 아닌 나름대로의 다양한 사고를 확장하는 방법들로 수업을 해 보려는 시도로 기억됩니다. 몇 년 안 되어 우리 교육환경이나 현실과 맞지 않는 것은 사라졌지만, 그때의 통합적인 교육의 시도는 아직도 도처에서 진행 중이라고 생각합니다.

　통합적 교육이란 통일성 또는 전체성이라는 아이디어를 인식하는 데서 비롯한 것으로, 유아의 과거 경험과 현재 경험을 통합해서 재구성하고, 이를 다시 미래의 경험으로까지 통합해 주는 일을 일컫는 것입니다.

　이는 유아와 교사의 경험을 연결하여 통합하는 모든 행위를 포함합니다. 거기에는 교육내용 간의 연계 및 통합이 있겠고, 학교와 지역사회 생활 간의 통합도 있을 것입니다.

우리나라 역시 유아교육과정에서 기본적으로 구성과 운영이 통합적으로 이루어져야 하고, 교과와 발달영역을 분리해서 가르칠 수도 없다는 것을 전제로 하고 있기 때문에 흥미도나 자율참여도가 높다는 이유에서 통합적 교육의 붐이 일어났습니다.

저는 개인적으로 루소의 자연주의 교육관이나 듀이의 진보주의 교육사상과 맥을 같이하는 경험중심교육에 매력을 느꼈습니다. 아이의 경험을 유기체와 환경의 통합과정으로 보았다는 것과 교육에서 심리적 요소와 사회적 요소를 통합하는 것을 목표로 한다는 것이 매력적이었습니다.

창의성도 중요하고 미래지향적인 방안도 중요하지만, 지식의 구조를 강조하는 학문을 배제할 수는 없기 때문에 현재까지도 초등교육 분야에서는 열린교육에 대한 논의와 실험이 활발히 전개되고 있는 것입니다.

교육에서 아동의 발달단계는 매우 중요합니다. 많은 아동학자의 이론이 있지만, 여기서는 보다 쉽게 접근하기 위하여 피아제의 발달단계의 도움을 받겠습니다.

### 유아 발달단계

피아제(Piaget)는 발달단계를 불연속적인 것이 아니라 연속적인 것이라고 주장합니다. 그것은 아동이 한 단계에서 갑자기 다음 단계로 도약하는 것이 아니라, 서서히 계속적으로 발전해 나간다는 것입니다.

    각 단계는 생활연령에 따라 나누어지며, 아동 개인의 성숙도와 환경, 문화에 따라서 각 단계를 느리게 통과하기도 하고 빠르게 통과하기도 한다는 것입니다. 그러나 피아제는 그 어느 단계에서도 몇 단계를 뛰어넘어 발전하는 것은 없다고 설명합니다.

    많은 부모가 아이의 성장에 욕심을 냅니다. 빨리빨리 모든 단계를 통과했으면 하는 마음에 충분히 아이 스스로 하고 있는 과업을 기다려 주지 않고, 연령보다 앞선 장난감을 사 준다거나 단계에 맞지 않는 구조화된 학습을 시키는 실수를 합니다.

    이 시기의 아동들은 발달단계에 맞는 놀이를 통하여 학습을 해야 하며 그것은 인격 형성에 정말 중요합니다. 그것이 부모 다음으로 아이에게 필요한 환경이기 때문입니다. 그러나 항상 염두에 두어야 하는 것은 세상의 모든 아이가 발달단계의 시기를 그대로 거치지는 않는다는 것입니다. 그 성향과 환경에 따라 좀 더 빠른 아이들도 있고 좀 더 느린 아이들도 있습니다. 또 어느 단계는 보다 쉽게 발달해 가는 영역이 있고, 어느 단계는 어렵게 발달하여 부모의 애간장을 녹이는 영역도 있을 수 있습니다. 그러므로 단지 일반적으로 제시되는 틀 안에서 자신의 아이의 특성과 욕구를 잘 살핀다면 그 실수를 줄일 수 있을 것이라고 생각합니다.

    이제 단계별로 자세히 살펴보겠습니다.

    **감각운동기** (sensorimotor stage, 2세)는 영아기라 부르는 시기입니다. 생후 처음 맞는 발달단계로 아이는 시청각 등 조절감각과 운동

능력에 초점을 맞춥니다. 이들의 사고는 자신의 신체적 행동에 대해 그 주변의 세계가 어떻게 반응하는가에 제한되어 있습니다. 감각운동기의 아이들은 기억 속에 사물에 대한 어떤 표상도 가지고 있지 않으며 모방력을 발전시키는 데 에너지를 집중합니다. 이 시기에 발전하는 모방력이 이후의 관찰학습을 위한 토대를 형성하는 데 중요한 기능을 하게 됩니다.

이 시기의 아이들은 감각발달에 모든 에너지를 집중합니다. 반응 또한 감각으로 하고, 그것을 따라 하며 발전시킵니다. 손에 닿는 모든 것을 움켜잡고 잘 놓지 않으며 입으로 가져갑니다. 이렇게 오감각(시각, 촉각, 청각, 후각, 미각)과 관찰을 통해 수없이 반복함으로써 기억하여 능력을 발전시키는 것입니다.

특히 미각, 후각, 촉각 능력은 성인의 수준이라고 합니다. 초기 이유식에 길들여지는 미각의 습관이 아이의 평생 건강을 연결하는 시초가 되기도 하기 때문에 부모의 많은 노력이 필요한 부분이기도 합니다.

그리고 이때는 어머니 가슴에서 자라는 시기입니다. 어머니의 맥박 소리와 숨소리가 그대로 아이에게 전해지므로 어머니의 정서와 반응이 아이에게 미치는 영향은 이 시기에 가장 큽니다.

이 시기 아이에게 특히 중요한 것은 **배변훈련**입니다. 생후 18개월이 되면 아이는 항문 괄약근의 성숙으로 대변통제가 가능해집니다. 일반적으로 대변통제가 소변통제보다 더 용이하고, 여자아이가 남자아이보다 더 일찍 통제할 수 있으나 이 부분은 아이의 성숙

그래? 그렇구나!

정도나 부모의 태도에 따라 개인차가 큰 부분이기도 합니다. 대변통제를 먼저 하고 소변통제를 천천히 하는 것이 순서인 것 같습니다. 이제 6개월밖에 안 된 아이에게 깡통을 가지고 다니면서 억지로 배뇨 습관을 요구하는 것은 아이의 인격적 성장발달에 많은 영향을 미친다는 사실을 기억해야 할 것입니다. 그것은 소심한 아이를 만드는 지름길입니다. 그것은 아직 발달하지 않은 아이에게 무리한 것을 요구하는 억지이며, 아동은 좌절감과 실패감을 경험하여 위축될 수밖에 없고 소심한 사람이 되기 쉽습니다.

또한 아이의 실수에 너무 지나치게 가혹하거나 엄격한 훈련을 실시하면 아이는 심리적 상처를 입어 성인이 되었을 때 강박신경증을 일으킬 가능성이 높다고 합니다.

배변훈련은 약 1세(12개월) 이후부터 시작하여 2세(24개월)까지 합니다. 일반적으로 아이의 50%가 1년간의 훈련에도 불구하고 빈번하게 실수를 한다는 보고가 있는 것을 보면 배변훈련이 아이에게 그리 쉬운 발달과정은 아니라는 것을 염두에 두어야 할 것입니다.

부모가 여유를 가지고 긍정적인 태도로 배변훈련에 성공한다면 아이는 자율성이 형성되고, 그 자율성은 아이가 자신의 인생을 자기주도적으로 살아갈 수 있게 하는 기본적인 에너지가 된다는 사실을 기억하기 바랍니다.

이 시기에 나타나는 중요한 특징 중 또 하나는 인지발달 중에 대상영속성의 개념이 발달한다는 것입니다. 생후 4개월 이전의 아이는 자기 외부에 사물이 존재한다는 것을 모릅니다.

예를 들어, 눈에 보이지 않는 것은 찾지 않고 눈에 보이는 것만 존재한다고 생각합니다. 4~8개월 정도가 되어야 아이는 비로소 외부세계에 관심을 갖기 시작합니다. 그 결과, 사물의 영속성에 대한 개념을 얻게 되어 사물의 일부분을 감추더라도 그것을 찾을 수 있게 됩니다.

12개월경이면 완전히 감춘 물건이라도 찾아낼 수 있으나 위치의 이동은 이해하지 못하며, 물건을 처음 감춘 곳에서 다른 곳으로 옮기면 처음에 감추었던 곳에서 물건을 찾으려고 합니다.

1세 반 정도의 아이는 물체의 이동을 직접 보는 경우에 한해서 위치 이동을 이해하고, 2세가 되어야 물체를 보이지 않게 이동해도 그 위치 이동을 이해할 수 있게 됩니다. 2세 정도의 아이는 자신이 우주 안의 많은 대상 중 하나라는 것을 깨달을 수 있으며 대상영속성과 함께 자신이 독립된 개체라는 것을 명확하게 깨닫습니다. 그러니까 우리나라 나이로 생일이 지나지 않은 아이라면 4세 정도까지가 여기에 해당한다고 볼 수 있습니다.

대상영속성이 없는 아이는 엄마가 방에서 함께 놀다가 갑자기 일어나며, "아가야, 엄마 화장실 갔다 올게. 잘 놀고 있어."라고 아무리 부드러운 목소리로 잘 설명한다 해도 엄마가 없어진 것으로 인지합니다.

엄마가 우는 아이를 안심시키려고 화장실에서 "엄마 여기 있어. 울지 마."라고 아무리 큰 소리로 말해도 아이는 어디선가 엄마의 목소리는 들리지만 엄마가 자기 주위에 존재한다는 사실을 인지할 수 없기 때문에 더욱 두려움에 휩싸이고 더 큰 소리로 웁니다.

대상영속성과 관련하여 어머니들이 아이와 잘 하는 놀이 가운데 하나는 까꿍놀이입니다. 옆에 있던 엄마가 갑자기 이불 속으로 얼굴을 묻어 버리면 아이는 울지요. 그때 엄마가 "까꿍!" 하면서 이불 속에서 튀어나오면 아이는 다시 엄마가 곁에 있기 때문에 안심을 하고 웃지요. 그게 재미있어서 엄마는 계속 놀이를 즐깁니다. 하지만 발달단계에 맞지 않는 너무 이른 학습조작은 아이의 인성 형성에 불안과 공포심을 조장할 뿐이라는 사실을 기억해야 하겠습니다.

이 시기의 아이가 걷고 뛰어다니는데 너무 자주 넘어진다든지, 이름을 불러도 고개를 잘 돌리지 않는다든지 등의 이상증후가 있다면 조기치료를 하는 것이 매우 중요합니다. 특히 시청각에는 결정적 시기(critical period)가 있어서 그 시기를 놓치면 발달을 저해할 수 있습니다.

**전조작기**(preoperational stage, 2~7세)는 유아기라 부르는 시기입니다. 이 단계에서 '전조작'이라는 용어를 사용하는 것은 발달이 불완전한 단계라는 것을 암시합니다. 아이들은 이 단계를 거치면서 언어발달이 급속히 이루어지고 상징적 사고발달과 개념획득능력에서 빠른 성장을 보입니다. 이 단계에서 아이는 다양한 개념을 형성하는데, 트럭, 아파트, 나무 등과 같이 물질로 존재하는 것이나 현재 상황과 연결된 개념들은 비교적 쉽게 습득하지만 추상적인 개념의 습득은 여전히 한정되어 있습니다.

전조작기의 사고는 자기중심성(egocentrism), 비가역성(irreversibility), 추론(reasoning), 비전이(no-transformation), 집중성(concentration)의 다섯 가지 특성으로 설명할 수 있습니다.

자기중심성(egocentrism)은 피아제의 이론 중 가장 중요한 개념으로, 유아가 자기의 입장에서만 모든 사물을 보고 다른 사람의 입장을 이해하지 못하는 것을 뜻합니다.

회사에서 아빠가 전화를 걸었습니다. 네 살 된 딸이 전화를 받습니다.

"엄마 어디 있어?" 하고 물었을 때 딸은 아무 말 없이 고개만 끄덕끄덕합니다.

"엄마 좀 바꿔."라고 하니까 여전히 아무 말 없이 고개만 끄덕입니다. 이것은 네 살 된 딸이 아빠의 입장을 이해하지 못하고 자신의 입장에서만 생각하기 때문에 일어날 수 있는 일입니다. 즉, 아빠가 자신이 고개를 끄덕이는 것을 보지 못한다는 사실을 전혀 생각하지 않은 것입니다. 아이들의 자기중심성은 언어에서도 나타납니다. 아이의 대화가 상대방과 의사소통을 한다기보다 자기가 하고 싶은 말을 해 버리면 그만인 독백의 형태로 많이 나타나는 것을 보면 알 수 있습니다.

비가역성(irreversibility)은 모든 것을 한 방향으로만 생각하므로 되돌리면 원상태가 된다는 것을 이해하지 못하는 것을 말합니다. 예를 들어, 이 시기의 아이들은 종이로 비행기를 접으면 그것을 비행기로 생각할 뿐 다시 펴면 원상태의 종이가 된다는 것을 파악하는

데 오랜 시간이 걸립니다.

추론(reasoning)이란, 어떠한 판단을 근거로 삼아 다른 판단을 이끌어 내는 것입니다.

개라는 동물을 잘 알고 있는 아이가 처음으로 소를 보게 되면 그것을 개라고 말할 수도 있습니다. 이렇게 말하는 아이는 개라는 동물의 개념을 '발이 4개이고 털이 있는 것'으로 나름대로 정의했기 때문입니다. 그래서 이 아이가 소를 보면 이것도 발이 4개이고 털이 있으니까 '이것은 강아지다.'라고 비논리적이며 잘못된 결론에 도달하는 것입니다.

이러한 사고는 서로 관련이 없는 두 사건을 결부시켜 원인과 결과로 연결 짓는 데서도 나타납니다. 예를 들어, 한 아이가 자신이 동생에게 욕을 한 것과 동생이 감기에 걸린 것을 연결하여 '내가 동생에게 (욕을 하여) 감기에 걸리게 했다.'라고 틀린 인과관계를 끄집어낼 수도 있습니다.

비전이(no transformation)는 정서적으로 지금 아이가 교류하고 있는 상대와 이심전심이 불가능하다는 것을 의미합니다. 이것은 아이가 미성숙하여 자기중심적인 인지구조를 지니기 때문이라 말할 수 있습니다.

집중성(concentration)은 한 가지 일에 몰두하는 특성을 말합니다.

이 시기의 아이는 추상적 개념을 이해하지 못하며, 사실과 공상의 차이를 깨닫지 못합니다. 그래서 꿈을 실제로 믿습니다.

딸아이가 밤이 되면 무서운 꿈에 시달린다며 무서워서 못 자겠다는 듯이 엄마에게 투정을 합니다. 꿈 이야기를 해 보라고 하니까 무서운 동물이나 귀신이 나타나서 자기를 괴롭힌다는 것입니다.

"그럼 엄마 방에서 엄마랑 같이 잘까?"라고 물었더니 그것은 싫다고 합니다.

"그럼 무슨 방법이 좋을까?" 하고 물었더니 그 동물이나 귀신이 다시 나타났을 때 때려 주면 된다고 합니다. 그래서 커다란 몽둥이를 하나 마련해 주면서,

"이것을 머리맡에 놓고 자다가 꿈속에서 귀신이 나타나면 이것으로 때려 주라."고 했습니다. 그러자 아이는 더 이상 칭얼대지 않고 몽둥이를 가지고 자기 방으로 가서 잠을 잤습니다.

이 시기의 중요한 발달 중 몇 가지를 살펴보려고 합니다.

우선, 보존개념입니다. 즉, 이 시기 아동은 양, 수, 부피, 무게의 보존개념이 없다는 것입니다. 양의 보존개념을 알아보기 위한 실험은 주위에서 흔히 볼 수 있습니다. 예를 들면, 똑같은 양의 음료수를 같은 부피의 넓은 컵과 긴 컵에 각각 담아 놓았을 때 음료수를 더 많이 마시려고 긴 컵을 선호한다는 것입니다.

수의 보존개념을 알기 위한 예로는 두 줄의 사탕의 양이 똑같다는 것을 아이에게 확인시킨 후 한 줄의 사탕을 그릇에 따로 담아

놓으면 아이는 사탕의 개수가 달라진 것으로 생각하는 것입니다. 형과 동생에게 사탕을 나누어 줄 때 동생 하나, 형 하나, 동생 둘, 형 둘, …… 이렇게 똑같이 배분해 주어도 형이 많다느니 동생이 많다느니 하면서 떼를 쓰는 것도 이러한 경우입니다. 사탕을 어떻게 모아 두느냐에 따라서 적게 보이기도 하고 많게 보이기도 하는 것입니다.

분류화는 사물이나 사건을 일정한 규칙에 따라 분류할 수 있는 논리적 사고의 발달을 말합니다. 색깔과 크기가 다른 삼각형, 원형, 사각형의 물건을 주고 이것들을 같은 속성끼리 분류하라고 하면 2~4세의 유아는 정확하게 분류하지 못합니다. 물건을 분류할 때는 물건이 지닌 여러 속성에 따라 그 기준이 있을 수 있는데, 이 시기의 아이는 이 기준에 혼돈을 일으키기 때문입니다.

4~6세가 되면 부분적으로 분류를 하지만 그 기준이 명확하지 않고 시시각각 변합니다. 예를 들면, 한쪽에는 같은 색깔의 사각형, 원형, 삼각형을 모아놓고 다른 쪽에는 색깔이 다른 똑같은 사각형만 모아 놓습니다.

7~8세가 되어야 분류기준을 두고 정확히 분류할 수 있습니다.

서열화는 순서대로 배열하는 사고로서 전조작기의 아이들은 이러한 사고가 획득되지 않았습니다.

4~5세의 아이들에게 여러 개의 길이가 다른 막대기를 주고 가장 긴 것이나 가장 짧은 것을 골라내게 하는 것은 할 수 있는데 길이에 따라 순서대로 나열하라고 하면 하지 못합니다. 왜냐하면 한

막대기가 다른 막대기보다는 크지만, 동시에 그 막대기가 또 다른 막대기보다 작다는 것을 사고할 수 없기 때문입니다.

5~6세가 되면 여러 막대기를 배열할 때 일부분은 순서대로 할 수 있으나 완벽하게는 나열하지 못하며, 6~7세가 되면 완전한 서열개념을 획득하게 됩니다.

또한 이 시기의 중요한 특성 가운데 하나는 물활론(animism)적 사고를 한다는 것입니다. 물활론이란 이 세상에 존재하는 모든 물체에 생명이 있다고 믿는 유아의 사고입니다. 모든 물체가 자기와 마찬가지로 살아 있다고 믿기 때문에 숨 쉬고, 아픔을 느끼고, 자란다고 생각합니다.

나뭇잎이 떨어지는 것을 보고 나무가 잎사귀를 밀어내어 떨어진다고 여기고, 인형과 많이 놀아 주지 않으면 인형은 심심할 것이라고 생각합니다.

어린아이가 지나가다 책상 모서리에 다리를 부딪치면 아이는 책상을 때리면서 "나빠!"라고 말하는 것을 쉽게 볼 수 있습니다. 책상이 화가 나서 자기를 다치게 했다고 생각하는 것입니다.

이 물활론은 연령에 따라 달라지는데 처음에는 모든 사물에 생명을 부여하다가 4세 이후가 되면 활동하는 것이나 인간에게 영향을 주는 모든 것은 생명이 있다고 믿습니다. 난로, 자전거, 자동차, 태양 등이 그 예입니다.

이 단계를 지나 6세쯤 되면 움직이는 것에만 생명을 부여하는 단계가 됩니다. 즉, 난로는 움직이지 않으므로 생명이 없으나 자전거나 구름, 태양은 움직이므로 생명이 있다고 여기는 것입니다.

그 후 8세 정도가 되면 스스로 움직이는 것, 구름이나 태양에만 생명을 부여하고 자전거나 자동차는 스스로 움직이지 못하므로 생명이 없다고 간주합니다. 구체적 조작기에 들어가서까지 생명이 있는 생물과 무생물을 구별하기 어려워하는 아이도 많이 있습니다.

아이의 시간개념은 행동과 밀접한 관계가 있습니다. 만약 점심을 항상 낮 12시에 먹는 가정에서 1시에 점심을 먹는다면, 아이는 1시를 12시로 여깁니다. 오후에 규칙적으로 낮잠을 자는 아이가 어떤 일로 잠을 못 자게 되었다면 아이는 아직도 오후가 안 되었다고 생각합니다. 또, 거리가 같은 두 친구의 집에 놀러 간다고 가정했을 때 어제 갔던 친구의 집과 오늘 갔던 친구의 집 중 어느 집이 더 가깝냐고 물으면 어제 갔던 친구의 집이 더 가깝다고 말합니다. 먼저 일어났던 것은 짧게 기억하고 현재는 더 길게 기억하는 것입니다.

공간개념은 '왼쪽', '오른쪽', '위', '아래' 등을 이해하는 것으로 이것은 구체적 조작기에 들어가야 가능합니다.

유치원 선생님이 아이들에게 무용을 가르칠 때 손동작을 반대로 하여 아이들 입장에서 따라 할 수 있도록 보여 주는 것이 한 예라고 할 수 있겠습니다. 한 사례를 들어 보겠습니다.

어머니와 4세의 아이가 외출을 합니다. 어머니는 동생을 업고 있으며, 한 손에는 큰 가방을 들고 현관문을 나섭니다. 신발을 신으며 아이의 신발을 바닥에 내놓는 순간 아이는 아무 생각 없이 왼쪽과 오른쪽을 바꿔서 신발을 신습니다. 신발을 신을 때마다 이런 상황을 참지 못하는 어머니의 기분이 그날따라 좋지 않다면,

"너는 가르쳐 줘도 몰라. 도대체 몇 번을 가르쳐 줘야 아는 거야?"
라고 말하게 됩니다.

많은 부모가 오래 참아 주지 않습니다. 자기 아이의 발달단계를 모르고, 자기 감정을 읽을 수 없는 부모의 부정적인 말에 아이는 좌절감과 실패감, 두려움에 억압됩니다.

우리 생활 가운데 이와 유사한 일이 한두 번만 일어나는 것이 아니기 때문에 문제가 되는 것입니다. 이 시기의 아이들은 흔히 신발을 신을 때 왼쪽과 오른쪽을 바꿔서 신는 경향이 있습니다. 이는 아직 공간개념이 형성되지 않아서겠지요.

연령에 따른 인지를 살펴보면 이 시기 아이들은 실제 나이와 상관없이 몸의 크기가 크면 나이가 많다고 생각합니다. 예를 들면, 똑같은 사진을 한 장은 작게, 한 장은 크게 해서 3세의 아이에게 보여 주고 누가 나이가 많냐고 물으면 절반 정도는 큰 사진의 아이가 나이가 많다고 응답합니다. 하지만 7세 아동은 대부분 맞게 대

답하고, 9세 아동은 정확하게 두 사진이 같은 사람이라고 대답합니다.

또한 네 살짜리 아이는 엄마보다 키가 큰 이모가 엄마에게 언니라고 부르면 왜 그렇게 부르냐고 의아심을 갖습니다. 이 시기 아이는 키에 의해서 나이가 결정된다고 생각하기 때문입니다.

수의 개념은 처음에는 어떤 대상의 전체적인 군 또는 집합체를 지각하고 그 변화를 의식하면서부터 싹트기 시작한다고 볼 수 있습니다. 이를테면 2~3개의 공을 가지고 놀다가 한 개가 없어져 보이지 않을 때 없어진 하나에 대해서 지각하는 식으로 극히 간단한 수의 식이 출발한다는 것입니다.

프리먼(Freeman)도 이와 같은 사실을 밝히고 그 최초의 시기를 2세경으로 보았습니다. 특히 2세 정도가 되면 2의 개념은 알지만 3과의 관계는 이해하지 못하고, 3~4세가 되면 3이라는 숫자와 '삼' 이라는 호칭의 대응관계가 가능해진다고 합니다.

3세가 되면 4까지 셈하고, 4세가 되면 3을 셈하지 않아도 직감적으로 알게 됩니다. 즉, 1, 2, 3이라고 하면서 그 하나하나의 숫자와 현실의 개체를 대응시켜서 셈을 할 수 있게 되는 것입니다.

5~6세가 되면 10까지 셈하기가 가능하며 서수와 기수의 관계성을 어느 정도 명확하게 인식하게 됩니다.

이와 같은 사실로 보아 수 개념의 성립에서 실제로 수를 세어 보는 경험이 아이의 수 의식 발달에 얼마나 중요한 것인가를 알 수 있습니다.

**구체적 조작기** (concrete operational stage, 7~11세)는 아동기입니다.

이 단계에서는 주변의 세계를 인식하는 아이의 능력이 상당히 진전합니다. 아이는 구체적 조작기를 통해 전조작기의 결핍요소들을 습득하게 됩니다.

즉, 자기중심적 사고는 타인에 대한 관심으로 전환되고, 또한 이러한 능력들의 습득으로 구체적인 사물에 대한 논리적인 조작을 수행할 수 있게 됩니다. 단순한 지각에 의해서가 아닌 추론을 토대로 결론에 도달하게 되는 능력을 발전시키는 것입니다.

이 단계의 주된 특성은 수와 물질의 특성에 대해서 배열과 분류의 능력이 발달하지만, 논리적 사고는 실제적이고 물질적인 것에 한정되어 있다고 보는 것입니다.

이 시기의 또 다른 특성은 보존개념의 획득으로 동일성, 보상, 가역성의 논리를 사용할 수 있게 되며, 언어발달로 의사소통이 이루어지면서 활발한 또래 관계 속에서 점차 자기중심성으로부터 벗어나게 된다는 것입니다. 또 자율적 도덕관이 생기는데, 규칙이 사람들 간의 상호 합의에 의해 만들어진 것이라는 것과 서로가 동의하면 언제든지 바꿀 수 있다는 것을 알게 됩니다.

전조작기에 불가능했던 유목화가 가능하여 동물과 식물이 생물보다 하위 유목(범주)임을 알게 되며 일정한 특징, 즉 형태, 색상, 크기, 무늬 등으로 이를 분류할 수 있습니다. 그리고 길이와 크기,

그래? 그렇구나!

무게, 부피, 색의 강도에 대한 서열개념을 사물 간의 관계를 통해서 이해할 수 있게 됩니다.

조합능력이 생겨 여러 가능성을 생각하고 가설을 검증하기도 하며, 결과에 미치는 변수를 고려하여 여러 가지 가능성을 탐색할 수 있게 되면서 다양한 문제해결능력과 분석능력이 발달합니다.

마지막으로 **형식적 조작기**(formal operational stage, 12세)는 청소년기에서 성인기까지에 해당합니다.

형식적 조작기에서는 가설을 세워 사고하며, 현실적인 것뿐만 아니라 비현실적인 것에 대해서도 추론할 수 있게 됩니다. 또한 새로운 상황에 직면했을 때 현재의 지각적 경험뿐만 아니라 과거와 미래의 경험을 사용할 수 있는 사고능력을 갖게 됩니다. 추상적인 문제를 체계적으로 사고하고 그 결과를 일반화할 수도 있게 되며, 삼단논법의 이해가 이루어지는 것도 이 단계에서입니다. 또한 문제상황에서 변인을 확인하여 분류할 수 있으며, 이를 통제 혹은 제어할 수 있게 됩니다.

형식적 조작기에서 청소년기의 발달과업을 살펴보는 것은 중요합니다. 이 시기에는 2차 성징이라는 '성장폭발현상'을 겪으면서 아이도 어른도 아닌 역할 혼미의 상태로 돌입하는, 안나 프로이트(Anna freud)가 말하는 질풍노도의 인생 터널 속으로 들어가게 됩니다.

발달과정에서 신체적·심리적으로는 성인이고 사회적으로는 미성숙한 아이의 취급을 받는 과도기이며, 그래서 아이와 어른의 주변을 맴도는 주변인이 되는 것입니다.

이때 나타나는 정서적 불안으로 인한 반항심, 가치 갈등, 비사회적 혹은 반사회적 행동과 같은 공격행위에 대한 충동을 효과적으로 극복하지 못하면 여러 가지 발달지체, 퇴행, 문제행동을 수반하는 자아개념이 평생의 성격구조의 틀이 될 수 있습니다. 따라서 청소년기의 발달과업을 성공적으로 수행할 수 있도록 하는 것은 매우 중요합니다.

이와 같은 모든 발달단계를 통해서 통합적으로 이루어지는 것이 인성입니다.

아이를 양육하는 모든 부모가 주의해야 할 것은 청소년기의 문제는 청소년기에 발생한 것이 아니라 그 이전의 아동기나 유아기적 문제의 표출이라는 사실입니다. 그렇기 때문에 인성교육, 즉 초기 아동교육에 관심을 기울여야 하는 것이 더욱 중요하다고 봅니다.

청소년기 발달과업은 자신의 신체적 특성을 긍정적으로 수용하고 자아수용감을 발달시키는 것입니다.

청소년기는 자신의 머리 모양이나 외모에 특별히 관심을 갖는 심리적 발달단계의 시기입니다. 따라서 시간이 없어서 밥을 먹지 못하고 학교에 가는 한이 있어도 샤워를 하거나 머리를 꼭 감고 드라이를 해야만 합니다. 이것은 어른들이 이해하기 힘든 것 중 하나입니다. 하지만 청소년기에는 자신의 신체적 특성을 긍정적으로 수용해야만 자아수용을 할 수 있습니다. 그리고 이렇게 자아수용

이 되어야 다음 단계로 발달할 수 있으며 건강한 청소년기를 보낼 수 있습니다.

학교마다 규율이 다르고 공부를 좀 하는 학생들이 다니는 학교일수록 학생들의 머리 모양은 짧고 단정합니다. 반면에 실업계나 산업·예술 고등학교는 머리 모양이나 복장에 대한 규율이 조금 느슨한 것을 볼 수 있습니다.

그러나 스포츠형 머리모양이라서 머리카락이 손가락에 잡히지 않을 정도의 아주 짧은 스타일을 제외하고는 역시 청소년들은 등교하기 전 거울 앞에서 부모님과 실랑이를 벌이곤 합니다.

어머니는 새벽잠을 설쳐 가며 자녀를 위해 식사를 준비합니다. 한 술이라도 따뜻한 밥을 자녀에게 먹여 등교시키고 싶은 심정이거든요.

그러나 우리 청소년들은 먹는 것보다 외모나 머리 모양, 옷차림에 더 많은 관심을 집중하고 있으며, 그 문제를 해결해야만 하는 것입니다. 청소년기는 자신이 누구인지도 잘 알지 못하는 혼미한 상태이기 때문입니다. 하지만 부모님께서는 어떤 때는 자녀를 어른처럼 대하십니다.

"애처럼 굴지 말아라."라며 어른대접을 하면서 어른이기를 요구합니다. 그리고는 얼마 지나지 않아서 "네가 뭘 안다고 그러냐?" 하며 애 취급을 합니다.

그래서 우리 청소년들은 부모님뿐만 아니라 학교 그리고 외부의 모든 환경 가운데서 이렇게 혼란스럽습니다. 모양은 사람인 것이 분명한데 애도 아닌 것이, 그렇다고 어른도 아닌 것이, 너무도 혼란스러운 현실입니다.

적절한 성역할 정체감을 형성하는 것 또한 청소년기의 발달과업 중 하나입니다.

신체의 성장변화가 어른의 모습과 흡사해지지만 그렇다고 성인은 아직 아닌 청소년의 성에 대한 관심도는 자신의 정체감을 형성하는 데 필수적입니다.

외형적으로 변화된 모습에 맞추어 여자는 여성으로서 남자는 남성으로서의 자리와 그 역할을 발달시켜 나가야 하는 중요한 시기입니다.

그래서 몽정이나 생리도 하게 되며, 자위를 하여 성역할을 분출하는 방법과 같은 실제 상황에 맞는 성교육이 필요한 시기이기도 합니다.

이때는 성에 대한 호기심을 잘못 발산하여 인터넷 음란물 사이트에 접속하거나 유해환경에 빠질 위험이 높아 부모님의 적절한 지도와 교육이 필요합니다.

그리하여 바람직한 이성관계를 정립할 수 있는 능력을 갖추도록 도울 필요가 있습니다.

자아정체감을 확립하고 직업선택의 준비를 하는 것 역시 성인으로 성장하기 위한 준비단계이며 과정입니다.

자아정체감이 건강하게 형성되고 성역할에 대한 정체감이 발달하면 이제 건강한 한 사회인으로서, 성인으로서 자신을 책임질 수

그래? 그렇구나!

있는 직업을 준비하고 갖게 되는 것입니다.

　건강한 사회인이 되기 위해서는 시민생활에 필요한 도덕적 판단력과 올바른 가치관을 갖추어야 하는데, 이 또한 많은 경험과 연습이 필요합니다. 가정과 학교라는 테두리를 벗어나서 사회인으로 지켜야 할 도덕적 판단력은 사회를 안정시키는 기본이 됩니다.

　청소년기에 올바른 가치관을 갖추어야 우리의 청소년은 미래에 대한 꿈을 꿀 수가 있으며, 도약이 가능하고 한 인간으로서 자율적인 인생을 설계할 수 있게 되는 것입니다.

　또한 올바른 가치관을 가져야 그들이 나아가는 길에 혹 실수가 있다 할지라도 실수를 딛고 일어설 수 있는 힘을 공급받을 수 있는 것입니다.

　도덕적 판단력이 사회나 집단을 위하여 필요한 것이라면 올바른 가치관은 청소년 자신을 위하여 필요한 것이라 말할 수 있습니다.

　이 둘이 꽃 속의 암술과 수술처럼 그 기능이 하나로 모이기도 하고 때때로 각각의 독립된 기능을 하면서 조화를 이룰 때 우리 청소년들이 성숙한 인간으로서의 꽃을 피우게 되는 것입니다.

　또한 청소년기에는 지적으로 성숙하기 위해 계속적인 노력도 해야 합니다. 지적 미성숙은 청소년이 성숙한 인간으로서 자기주도적인 삶을 살아갈 수 없게 하기 때문입니다. 인생을 통해서 지적 성숙이 가장 많은 시기가 청소년기입니다.

　청소년기에 가장 많은 공부를 하고 가장 높은 지적 능력 향상을 이루게 됩니다. 청소년기의 뇌기능은 지적인 면에서 일생일대에 가장 활발하여 그 어떤 복잡함도 능수능란하게 처리할 수 있는 수준에 이릅니다. 12세의 청소년이 미적분까지도 처리할 수 있는 능력이 있다는 것도 이 때문이 아닌가 합니다.

끝으로 청소년기는 경제적으로 심리적으로 자립할 수 있는 능력을 갖추는 시기입니다.

우리나라의 청소년기 전반부는 학업을 하는 기간이고, 후반부는 직업을 갖게 되는 시기입니다. 청소년기 후반부에는 경제적 자립은 물론, 이제는 부모의 그늘에서 완전히 독립하여 심리적으로도 자율적인 성숙된 인간으로서 자립하는 능력을 갖추는 시기인 것입니다.

외국의 경우 고등학교만 졸업하면 부모를 떠나 독립하여 스스로의 인생을 개척해 나가는 청소년들을 흔히 볼 수 있습니다. 이것은 우리 사회가 본받아야 할 만한 가치 있는 문화라는 생각을 합니다.

자녀가 부모를 떠나 자립하여 살 때 비로소 한 인간으로서의 삶을 시작했다고 볼 수 있으며, 자신의 생활 가운데서 일어나는 모든 일과 문제에 대한 선택, 결정, 계획 등을 주도적으로 할 수 있을 것이라 생각됩니다.

## 유아 발달단계 특징

| 피아제 | 에릭슨 | 프로이트 | 브루너 |
|---|---|---|---|
| **감각운동기(0~2세)**<br><br>• 선천적인 감각적 행동과 반사행동으로 환경 적응<br>* 물이 뜨겁다는 것을 만져 보고 안다.<br>• 의도적인 목표 행동(장난감 통 속의 장난감 꺼내기)<br>• 대상영속성(사물항구성) 발달(8~12개월)<br>* 종이로 가려 놓은 장난감을 찾아낸다.<br>• 모든 것을 자기중심적으로 이해, 자신의 심리세계만 존재한다고 생각<br>• 물체를 다른 각도에서 보아도 동일한 다는 인식을 하지 못함(사물의 실재성에 대한 인식)<br>• 사고나 언어가 불가능하고, 경험이 자료만 제한, 마지막에 실존치 않는 물체를 가리키기 위해 심상과 언어 사용<br>– 전조작기로 자동적으로 넘어간다. | **제1단계(0~1세)**<br><br>**신뢰감 : 불안감**<br><br>세상은 안전하고 믿을 수 있는 곳이라 생각하는 기본적인 신뢰감이 형성된다. 이것은 생애 이후의 긍정적 세계관을 기르는 데 기초한다. 아기를 부적절하고 부정적으로 다루면 아기는 세상에 대해 공포와 의심을 가진다. | **제1단계<br>구강기(0~18개월)**<br><br>리비도가 입에 집중되어 있어 입으로 빨고 삼키고 깨무는 행위를 통해 쾌감을 느낀다. | 작동적 표현을 행함으로 써 인지를 획득함<br>(예) ㄱ, ㄴ, ㄷ을 직접 그려 본다.<br>시소를 타 봄으로써 천칭의 원리를 배운다. |

5장 통합적 교육

141

| 피아제 | 에릭슨 | 프로이트 | 브루너 |
|---|---|---|---|
| 전조작적 사고기(2~7세)<br>• 어느 정도 정신적 표상에 의한 사고가 가능하나 개념적 조작능력이 부족하다. 전조작기라 한다.<br>* 사물을 단일차원에서 직관적으로 분류<br>* 언어의 발달과 현저한 지적 발달<br>1. 전개념기(2~4세): 언어가 발달하지만 일차원적임(모든 자를 불문하고 '차'라고 단일적 해석). 가장 대표적인 특징이 상징적 기능으로서 언어를 사용하여 표상을 외부로 표출한다(상징적 조작 안 됨).<br>* 상징적 기능: 지연모방, 그림, 언어 놀이=가장놀이), 그림, 언어<br>* 자기중심적인 사고와 언어 사용(집단독백-정보교환이 목적이 아니라 혼자서 중얼거리는 이야기함(중심화 사고)<br>* 물활론적 사고: 움직이는 사물은 모두 살아 있다.<br>2. 직관적 사고기(4~7세): 직관에 의한 파악(전체의 부분의 단계 정확하게 파악 안 됨)<br>* 보존성 개념과 기억적 사고의 미발달: 모양이 다른 비커의 물<br>* 분류개념이 불충분: 분류기준이 계속 변동 | 제2단계: 수치심과 회의<br>자율성: 요구에 따른 자율과 독립의 기초가 마련되면 유아는 자율적으로 세계에 대해 적극적이고 능동적인 신체 활동과 언어의 자발성이 증가된다. 이를 자발성이 요구라고 해서, 그러나 그렇지 못하면 심한 좌절감을 갖게 된다. 질문과 탐색활동이 잦아진다.<br><br>제3단계(3~5세)<br>주도성: 좌책감<br>부모가 신뢰감을 연계 되고, 자신의 욕구를 처리하는 데 필요한 자율감을 발달시키면 유아는 독립하고자 한다. 이때 스스로 할 수 있는 것을 허용하고 격려하면 자율성을 형성하게 된다. 이것은 독립심과 존중감을 기르는 데 가 필요하다. 그렇지만 지나치면 자신의 능력을 의심하고 수치심을 갖게 되어 심한 자기 회의에 빠지게 된다. | 제2단계<br>항문기(18개월~3세)<br>리비도가 항문에 집중되어 있어 유아는 괄약근을 조정하면서 최후의 순간까지 배설을 참아 내장의 압력을 증가시켜 마지막 배출의 쾌감을 높이려 한다.<br>* 항문기에 고착된 성격은 두 가지로 나타난다. 첫째, 항문기의 보복적 성격은 물건을 낭비하고 자신을 지저분하게 함으로써 반항하는 것이고, 둘째, 항문기의 강박적 성격은 부모가 정한 규율에 지나치게 동조하여 발달된 성격으로 깨끗하고 질서정연하며 정돈하고 싶은 욕구를 가지는 것이다. 이 시기에 고착된 사람은 반동형성의 방어기제를 많이 사용하여 배변훈련을 시키는 부모의 권위적 인물에게 분노를 느끼지만 분노 대신에 철저한 복종을 표현하기도 한다. | |

| 피아제 | 에릭슨 | 프로이트 | 브루너 |
|---|---|---|---|
| **구체적 조작기(7~12세)**<br>• 동작으로 했던 것을 머리로 생각할 수 있음(조작)<br>• 논리적 사고 가능: 관찰한 실제 '구체물'을 통해서만 가능<br>• 보존성, 가역성, 분류성, 서열성, 상대성의 획득<br>• 언어의 복잡화 및 사고의 사회화<br>• 보존성 개념은 수, 길이, (질)양, 무게, 부피의 순서로 향상<br>* 수-길-양-면-무-부<br>• 분류능력 발달(유목화 능력 발달): 빨간 공, 노란 공, 그냥 공<br>• 탈중심화(집중 배제) | **제4단계(5~12세)**<br>**근면성 : 열등감**<br>지적 호기심과 성취동기에 의해 활동이 유발된다. 성취 기회와 성취 과업의 인정과 격려가 있다면 성취감이 길러진다. 그러나 그렇지 못하면 좌절감과 열등감을 갖게 된다. | **제3단계**<br>**남근기(3~6세)**<br>- 남아: 오이디푸스 콤플렉스<br>- 여아: 엘렉트라 콤플렉스<br>여아의 경우 남아와 비교하여 자신에게 남성의 성기가 없음을 알게 되면서 남근선망을 가지게 되며 이런 실망을 아버지에게서 보상받으려고 그것이 현실적으로 불가하지만 결혼을 통해 아버지와 같은 남성을 얻고자 하는 것을 알게 되면서 아버지에 대한 근친상간적 욕구를 포기하게 됨<br>* 이 시기에 고착된 남성은 경솔하며 과장되고 야심적이며, 항상 남자다움을 나타내려고 노력한다. 여성의 경우는 난잡하고, 유혹적이며, 경박한 기질을 갖거나 강하게 자기주장을 하여 남성을 능가하고자 노력한다고 한다. | 영상적 표현(시각, 청각의 심상)에 의해 인지하는 단계<br>(예) 그림으로 비율을 표시한다. |

## 5장 통합적 교육

| 피아제 | 에릭슨 | 프로이트 | 브루너 |
|---|---|---|---|
| 형식적 조작기((12~15세)<br><br>• 불가능한 것에 대해서도 사고(추상적 사고)하고, 비현실적인 것에 대해서도 사고할 수 있다(반성적 추상화: 상징적 조작 가능).<br>• 구체적이고 실제적인 상황을 넘어서는 문제를 다룰 수 있다.<br>• 탈중심화, 가역성, 추상적 사고 충분히 발달<br>• 가설 검증 능력, 연역적 사고 기능, 추리력과 적용력의 발달<br>• 조합적 사고 발달: 문제에 직면하면 논리적으로 모색 후 해결<br>• 복합적(다차원적) 사고 기능, 사물의 인과관계 터득<br>• 가상 청중에 대한 과민반응, 개인적 신화, 불사신 신화 등(자기몰두 사고) | 제5단계(청소년기)<br><br>정체감 : 정체감 혼미<br><br>자신이 어떤 사람이 될 것인가에 대해 많은 관심을 갖게 된다. 그래서 심리적 혁명이 마음에서 일어난다. 끊임없이 자기 질문을 통해 자신에 대한 통찰과 자아성을 찾기 위한 노력을 하게 된다. 그 결과 얻는 것이 자아정체성이다. 이것이 형성되지 못하고 방황하게 되면 역할혼미 또는 자아정체성 혼미가 온다. 이는 직업선택이나 성역할 등에 혼란을 가져오며 인생관과 가치관의 확립에 심한 갈등을 일으킨다. | 제4단계<br>잠복기(6~13세)<br><br>에너지가 신체발육과 성장, 지적인 활동, 친구와의 우정에 집중되어 성적인 관심이 줄어들게 되며, 따라서 동조이부나 자아와 조자아가 강해진다.<br>* 이 시기에 고착되면 성인이 되어서도 이성에 대한 정상적인 관심을 발달시키지 못하고 동성 간의 우정에 집착할 수 있다. | 상징적 표현 언어(기호)에 의해 인식가능한 단계<br><br>(예) A*B=B*A/1+1=2 |

출처: 임영주(2006). 유아언어교육의 이론과 실제(개정판). 경기: 창조문화. 재구성.

## 절대음감을 가졌다니! (음악)

음악은 인간의 삶에서 정신세계를 맑게 해 주고 안정을 주며 편안한 상태를 유지할 수 있도록 하는 등 취미 영역에서부터 치료의 영역까지 그 방법과 기능이 다양합니다.

정서의 한 부분으로 감성을 표출하고 느끼는 데 없어서는 안 될 능력에 속하기도 하지요. 일반적으로 음악에 대한 어머니의 실력은 악보를 보고 그 음계를 읽을 수 있고, 자신의 감정에 맞는 음악을 찾아 들을 수 있을 정도입니다.

신나는 음악이 들리면 자신도 모르게 몸이 움직이며 음악에 맞추어 비구조화된 몸 동작을 하기도 하고, 음악을 들음으로써 마음이 움직이는 것을 느끼는 정도이지요. 부모가 음악을 전공한 사람도 아니고 특별히 배운 적도 없기 때문에 어려운 음악은 잘 모릅니다.

그러나 음악과 친밀해지고 음악을 즐길 줄 알게 되면 그것은 생활의 다양함을 보다 깊이 있게 체험할 수 있는 또 하나의 통로가 된다고 생각합니다.

부모는 아이에게 생각을 좀 더 섬세하게 표현하는 데 도움이 될 것 같은 의도에서 음악교육을 시작합니다. 너무 한 것이 없어서 음악교육이라는 말이 무색하기도 하지만, 아이 속에 내재한 재능의 세계를 알 수 있는 방법이 없기 때문에 자신의 수준에서 시도해 볼 뿐입니다.

그러다가 아이가 자기 안에 있는 음악적 기질을 찾게 되면 음악을 공부한다고 할 수도 있겠다는 생각을 갖고 통합적 교육의 차원에서 그 기본적인 환경만 만들어 주면 되는 것입니다.

저는 태아 때부터 '아기들의 감성을 살리는 음악'인 모차르트 음악이나 '태교 음악' 모음집을 구해서 아기와 함께 듣곤 했습니다. 아이가 태어났을 때는 조용하고 정서적인 음악을 들려주는 것을 시작으로 활동이 많아지는 시기에는 경쾌하고 발랄한 음악을 들려주면서 음악을 알게 되었던 것 같습니다.

어느 한 어머니의 음악교육 사례를 살펴보겠습니다.

서너 살 때부터 음악회를 데리고 다녔는데, 지금 생각해도 참 열심이었습니다. 보통 음악회에서는 아기들의 입장을 거부하기 때문에 처음에는 시립 오케스트라나 합창단의 음악을 감상했습니다.

양복을 입히고 나비넥타이를 매 주며 옷매무새에 신경을 쓴 것은 아무 옷이나 입고 갔을 때 아이의 행동이 흐트러지는 것을 조금이나마 덜어 보기 위함이었습니다. 또한 음악을 듣는 사람으로서 음악을 준비한 연주자에 대한 최소한의 '예'라 생각해서이기도 했습니다.

아이에게 음악회의 예절이나 규칙을 간단하게 설명해 주고, 아이가 손으로 만지작거릴 수 있는 간단한 장난감을 두어 개 챙긴 후 간단히 입에 넣고 오물거릴 수 있는 먹을거리를 준비해 가는 것입니다. 어떤 상황이 벌어질지 모르기 때문에 이를 최소한 막아 보려는 의도였고, 준비한 만큼 크게 불편한 일은 없었던 것으로 기억합니다.

연주회 시간이 보통 한두 시간 정도이기 때문에 어린아이들의 집중력은 한계가 있지요. 자꾸 나가려 하고 다른 행동을 하려 해서 그럴 때마다 장난감을 주기도 하고 입에 먹을 것을 살며시 넣어 주기도 하면서 음악을 들었습니다.

그러는 동안에 자기가 들었던 익숙한 음악이 나오면 아이는 표현할 수 있는 최고의 긍정적인 반응을 합니다.

한 번, 두 번 그 분위기에 익숙해지면서 집으로 돌아온 아이는 며칠 뒤 똑같은 음악을 들으면 이전과 같은 반응을 보이지요. 그 모습을 바라보면서 수고로움은 사라지고, 생활이 즐거워지며, 더 좋은 음악회를 찾으려고 애쓰는 모습으로 바뀌게 됩니다.

한 아이가 있었습니다. 그 아이는 초등학교 저학년 때 피아노를 너무 치고 싶다고 하여 '바이엘'을 뗄 정도까지만 잠시 학원을 다녔을 뿐이고, 음악적 감각은 보통 아이들과 같았습니다.

아이가 초등학교 5학년이었을 때 리코더 연습을 하다가 라디오에서 흘러나오는 노래를 듣고 혼자 자기 방에 앉아 리코더를 가지고 그대로 그 노래를 부는 것을 보면서 아이의 부모님은,

"그 노래는 언제 배웠어?"

라고 물었습니다. 아이는,

"지금 듣고 좋아서 해 보는 거예요."
라고 대답합니다.

처음 듣는 곡을 한 번 듣고 그 음을 그대로 재연하는 능력인 절대음감이 생겨서 그렇다는 선생님의 말을 듣고 부모님은 피아노를 계속 치게 했더라면 하는 아쉬움이 생겼습니다.

지금은 공부를 하다 쉬는 시간에 잠깐씩 피아노를 칩니다. 음악을 들어 본 후 인터넷 악보를 가지고 연습하여 네다섯 장의 악보를 감성적으로 연주하는 여유를 즐길 줄 아는 아마추어가 되었습니다. 사춘기치고는 고상한 취미라 아니할 수 없습니다.

아이가 초등학교 4학년 때 '부천시립 오케스트라'가 학생회관에 와서 연주회를 한 적이 있습니다. 연주자 '김병현' 선생님을 좋아하기 때문에 가족이 모두 가서 그 음악회를 감상했는데, 연주회장을 나오면서 아이가 말했습니다.

"엄마, 지금 내 기분이 어떤 줄 알아요?"

"어떤데?"

"샤워를 한 기분이에요. 너무 시원하고 기분 좋아요."

이 말을 함께 들은 아버지의 표정이 환해지면서 그날 가족은 정말 마음을 샤워한 기분으로 집으로 돌아왔습니다.

지금도 휴일이 되면 아이가 일어나서 가장 먼저 하는 일이 클래식을 틀어 놓는 것입니다. 유명한 '마에스트로'의 연주회 장면 동영상을 인터넷에서 다운 받아 음악과 함께 감상하면서 온 가족은 여유를 즐기고, 아버지와 아들은 서로 알고 있는 음악 지식을 이야기하면 아침 시간이 즐거워집니다.

이것은 음악교육에 대한 작은 부분일 뿐입니다.

이 작은 아이의 음악세계가 학교에서 음악시간에 공부를 할 때, 음악과 관련된 다른 학습에서, 그리고 자신을 느끼는 작업에서 얼마나 능동적이고 자기주도적인 역할을 해 줄 것인지를 생각하면 가슴이 뿌듯합니다.

아이가 다 성장한 후 예술을 자신의 틀에 맞게 통합시키는 능력은 다른 능력보다 쉽지 않고 오래 걸립니다. 그러나 어린 시절에 그 기분을 경험하게 한다면 그 결과에는 분명 현저한 차이가 있을 것이라고 생각합니다.

### 욕구를 표현하다 억압당하는 아이들 (미술)

그림을 그리는 것은 자아를 표현하는 것입니다. 그림에는 그 사람의 정신세계가 들어 있고, 정신연령이 들어 있습니다.

아무리 조작하여 다르게 표현하려고 해도 할 수가 없는 것 중의 하나가 그림입니다. 무의식에 있는 심상이 자신도 모르는 사이에 나타나기 때문입니다. 그래서 그림으로 병리를 치료하는 '미술치료'를 하기도 하는 것입니다.

소근육이 발달하면서 처음으로 연필을 쥘 때 아이들은 그리기를 시작합니다. 그것이 끄적거림이든, 난화이든, 두족인이든, 어떤 형태의 그림이든 그것은 심상의 떠오름이요, 욕구의 표현이라 할 수 있습니다.

처음 아이가 형태가 있는 그리기를 시작할 때 부모가 아이에게 주는 그림 도구는 스케치북이나 색연필, 크레파스 종류입니다.

소근육 발달을 위해서 아이들이 자기 손에 잡기 편리한 것을 스스로 선택하는 것을 볼 수 있습니다. 아이들은 경험을 통해 색이 선명하고 손으로 쥐기 쉬운 도구를 선호하게 됩니다. 색연필이나 크레파스보다는 사인펜이나 볼펜으로 그리려 하는 것이지요. 왜냐고요? 소근육 발달이 아직 안 되었으니까 크레파스는 너무 뭉툭하고 두껍기 때문에 손가락으로 잘 쥐는 것이 어렵고, 색연필은 힘을 주어도 색이 선명하게 잘 그려지지 않기 때문입니다.

거기에 여러 모양의 무독성 크레파스는 장난감 수준이지 그리기 도구라 하기에는 색의 선명도가 매우 흐리고, 모양 자체가 손으로 쥐기 불편한 것들이 많습니다. 자유롭게 무엇인가를 표현하려면 도구 사용부터가 자유로워야 한다는 생각입니다. 건강을 생각해서 무독성 크레파스만 사용하게 한다고 생각해 보세요. 이 아이는 욕구표현도 안 되고 부정성을 경험하기가 더 쉽습니다.

그리기를 시작하는 단계에서 아이 혼자 그림을 그리게 하는 부모는 없을 것입니다. 대부분 부모가 곁에서 같이 활동할 것입니다. 함께 놀이를 하는 것이지요. 아이가 크레파스를 입에 넣고 먹지 않도록 주의를 줄 수 있습니다. 손에 조금 묻은 것이야 놀이가 끝난 후 씻으면 그만인 것입니다.

그러나 그리기 도구를 선택할 때 단정 지어 무엇을 고집할 필요는 없습니다. 성향에 따라 크레파스보다는 색연필을 선호하는 아이들도 있을 것입니다. 색연필은 선을 부드럽게 묘사할 수 있고, 간단한 채색을 하는 데 많이 사용하는 도구입니다.

이제 아이들은 부모가 준비해 준 스케치북이나 종이 위에 그림을 그리기 시작합니다. 그런데 이상하게 아이들은 그림을 꼭 스케치북에만 그리지 않고 맨바닥에까지 그리곤 합니다. 볼펜이나 사인펜으로 그림을 그릴 때는 보통 곤란한 일이 아니지요. 그러나 그것은 어디까지나 부모의 입장입니다. 아이는 자신의 무의식에 있는 억압된 욕구들을 여러 가지 형태로 그리는 것입니다. 그러다 보면 당연히 지면이 부족한 것이지요.

아이는 스케치북이 모자란다고 절대 다음 장으로 넘기지 않습니다. 그리던 그림을 지금 여기에 완성하고 싶은 충동만 있을 뿐입니다.

그럴 때마다 부모는 주의를 주지만, 아이는 계속해서 바닥에까지 그림을 그립니다. 어쩌면 스케치북보다 반질반질한 바닥에 그리는 것이 더 쉽고 흥미로울 것입니다.

아이는 성장하면서 형체를 알아보기 힘든 그림들을 그려놓고 나름대로 부모에게 그림에 대한 해석을 합니다. 이때 부모는 긍정적 반응으로 지지해 주고 이야기를 편안하게 들어 주면 그만입니다.

### 통합적 접근을 위한 그리기 놀이

통합적 접근을 위한 그리기 놀이를 제안해 봅니다. 먼저, 모조지를 상자 단위로 구입합니다. 보통 한 상자는 20장씩 50묶음으로 되어 있습니다. 모조지를 사용하는 이유 중 하나는 넓은 지면을 사용하기 위해서입니다. 스케치북과 비교하면 상대적으로 넓은 그림판을 제공하는 것이지요. 그런데 이것도 부족해서 다시 바닥에까지 그림을 그립니다. 그러면 그 후에는 모조지 2장을 테이프로 붙여 줍니다. 아이의 관심과 흥미도에 따라 제시되는 도구와 지면의 크기는 달라지겠지요.

이렇게 모조지 8장 정도를 이어 붙여 방바닥에 깔아 놓고 아이와 함께 그리기 놀이부터 다른 놀이까지 확장시켜 놀아 봅니다. 이때 아이들이 뛰어난 집중력을 보이는 것을 자주 느끼게 됩니다. 그리기 놀이를 통해 아이의 욕구가 충분히 표현되면서 새로운 것을 창조해 내는 기쁨을 함께 경험하는 것입니다.

미술놀이를 할 때의 법칙 중 하나는 아이가 놀이의 주체가 되게 하는 것입니다. 물론 처음에는 아이가 무엇을 해야 할지 잘 선택하지 못합니다. 처음 시작은 발달단계에 맞는 것으로 어머니가 제시해 주는 것이지요. 그러나 얼마 가지 않아 아이가 하고 싶어 하는 것이 많아집니다. 어떤 것이든 자율적인 인간상이 교육의 목표이기 때문에 아이가 하고 싶은 것을 하도록 합니다.

그중 어떤 놀이는 2~3개월 계속되는 놀이도 있습니다. 그러면 그저 아이에게 아직도 그 놀이 속에서 수행해야만 하는 무언가가 남아있다고 생각하면 그만입니다. 그러다 다른 것을 하고 싶어 할 때는 미술놀이를 하기 위해 계획해 두었던 것을 하나씩 해 보게 하

는 것입니다.

 아이가 조금 자라면 큰 지면이 아닌 작은 지면에 그림을 그려 보고 싶어 합니다. 4절 하드보드지를 24등분 하여 카드를 만들어 주고, 처음에는 백화점이나 마트 판촉 광고지에서 그림을 오려 붙이기를 합니다. 같은 그림을 2개씩 짝지어 기억력 카드를 만들면 좀 더 확장된 놀이를 할 수 있습니다. 아이의 발달단계에 맞게 48장의 카드를 만들어 사용해도 좋습니다.

 또 다른 방법은 아이가 카드에 그림을 그리면 어머니는 다른 카드에 그 그림의 이름을 써서 짝 맞추기 놀이를 하는 것입니다. 같은 그림을 2개 그려서 같은 것을 찾는 놀이도 좋습니다. 얼마든지 그리기를 통한 창의적 확장놀이가 가능합니다.

 미술과 관련된 놀이 중에서 가장 흥미로웠던 몇 가지를 소개합니다. 밀가루 반죽 놀이와 점토놀이입니다.

 아이들은 밀가루 반죽 놀이를 할 때 밀가루 반죽에 물감을 넣어 반죽하는 것부터 재미있어 합니다. 밀가루 반죽에 소금과 식용유를 적당하게 첨가하면 손에 붙지 않고 일주일은 거뜬히 놀이를 할 수 있습니다.

 점토놀이 또한 촉감이 부드럽고 자연의 재료이기 때문에 아이가 쉽게 적응할 수 있습니다. 무엇인가 만들고 싶을 때 만들고, 무엇을 만들었는지 아이의 설명을 들어 주면 그뿐입니다. 환조를 만들기도 하지만 하드보드지나 나무판 위에 만들어 붙이며 그림 조각을 표현하기도 합니다. 점토로 만든 작품을 버리지 않고 한곳에

전시하면 좋은 볼거리가 되기도 합니다.

　점토놀이 중 본뜨기놀이도 빼놓을 수 없습니다. 처음에는 손 모양, 발 모양과 같은 신체 본뜨기놀이부터 시작하여 놀이가 확장되면 다른 도구들의 모형을 본떠 그 안에 생명력을 불어넣어 주는 것입니다. 접시를 대고 그려도 그곳에 눈, 코, 입, 귀를 그려 넣어 생명을 불어넣어 주는 것이지요. 아이는 마법사가 되는 것입니다. 잡지나 헌 그림책에 나온 모형을 오려 본뜨기 그림을 그리며 놀기도 합니다. 어떤 때는 자신이 그린 그림들을 이끌고 전쟁놀이도 하는 것을 보게 됩니다.

　핑거페인팅도 흥미로운 놀이입니다. 밀가루 풀을 되직하게 만들어 물과 물감을 넣어 가며 농도와 색을 몇 가지 함께 만들어 봅니다. 재료를 만드는 과정부터 얼마나 흥미로운지 아이의 표정이 다를 수밖에 없습니다. 이때 모조지를 사용하면 종이가 너무 얇아 쉽게 찢어질 수 있으니 물을 사용하거나 힘을 주면서 해야 하는 미술놀이를 할 때는 켄트지를 사용하면 좋습니다. 지면 크기는 아이가 정하는 대로 준비해 주면 되고, 꼭 손을 도구로 사용할 필요는 없습니다. 놀이가 확장되면 아이는 다른 도구들을 이용하여 놀이에 빠져들 수 있습니다.

　점찍기놀이도 빼놓을 수 없습니다. 켄트지를 펴 놓고 아이와 서로 다른 색의 매직펜으로 자유롭게 점을 찍는 것입니다. 그리고는 사인펜을 몇 개씩 골라 쥐고 점선들을 이어 가기 시작합니다.

　여기서 대부분 미술놀이를 할 때는 음악을 들으면서 하면 좋습

그래? 그렇구나!

니다. 경쾌한 음악이면 더욱 활동적이 되겠지요.

처음에는 점 2개만 잇기를 하다가 나중에는 점 3개만 이어 만들기, 5개만 이어 보기 등 다양한 점선 잇기를 합니다. 그리고 점선 잇기를 통해 나온 다양한 모양을 이용하여 그림을 그리든지, 오리기를 하든지 해서 놀이를 다양한 재료와 다양한 방법으로 얼마든지 확장을 합니다.

놀이의 확장에는 한계가 없습니다. 얼마나 다양하고 깊이가 있는지 놀라울 뿐입니다.

확장된 미술활동을 하는 데 도움을 받을 책들은 얼마든지 있습니다. 미술치료와 관련된 책들의 도움을 받으면 아이의 발달단계에 맞는 미술놀이를 다양하게 경험할 수 있습니다.

### 유용한 현장학습 선택(사회, 문화, 정치, 경제, 과학, 생물 등)

아이의 스키마를 활성화시키기 위해서는 감성과 건강을 가장 우선으로 생각해야 합니다. 따라서 '바람만 스쳐도 자극이다.' 라는 문구는 아이들을 키우는 동안 어머니와 아이들이 많은 활동과 경험을 하게 해 줍니다.

매일 아침 집 안의 공기를 접하는 것과 밖으로 나가 새로운 공기와 분위기를 접하는 것에는 상당 부분 차이가 있다고 봅니다. 될 수 있으면 매일 다른 분위기를 느끼도록 하고, 할 수 있으면 직접 만지고 볼 수 있도록 하는 것이 제가 생각하는 체험학습의 가장 이

5장 통합적 교육

상적인 모델이었습니다.

　대부분 현장학습은 직접 경험을 하기 위한 목적으로 시도되며, 일상에서 쉽게 접할 수 없는 환경을 찾아가서 직접 또는 간접 경험을 함으로써 스키마를 형성하는 데 목적이 있습니다.

　따지고 보면 자신의 집을 벗어난 곳은 어느 곳이든 현장학습 장소이지만, 가장 자연적인 곳을 택하라 권하고 싶습니다. 이것은 정서에 큰 도움이 되기 때문이기도 하고, '나'의 존재를 무의식적으로 저장할 수 있는 자연스러운 공간이기 때문이기도 합니다.

　20여 년 전에는 문화 체험 공간이 그다지 다양하게 분포되어 있지 않았습니다. 교통도 불편해서 가 보고 싶은 곳을 모두 가 보지 못했던 아쉬움이 있었지만, 지금은 다양한 체험 공간을 쉽게 찾을 수 있습니다. 교통이 편리해져서 계획만 미리 세운다면 저렴한 비용으로 체험할 수 있는 곳이 너무도 많습니다.

　제가 학습 위주의 공부보다 현장으로 찾아가는 체험의 공간을 중요하게 생각한 이유 중 하나는 아이 자신이 주인공이 되는 경험을 하기 때문입니다. 그리고 구조화된 학습에서 주는 부담감이 없이 자신이 느끼는 만큼, 새로 알게 되는 만큼 무엇인가를 얻을 수 있다는 것 때문입니다.

　예를 들어, 구조화된 수학시간은 그 문제를 이해하지 못하고 풀어내지 못하면 그 학습시간의 유용성이 떨어져 좌절감과 무력감에 빠질 수 있는 부분이 있다면, 체험학습은 다양한 가치를 가지고 돌아오는 데 그 매력이 있다 하겠습니다.

그래? 그렇구나!

자신감이 생기고, 도전해 보고 싶고, 다시 해 보고 싶어지는 즐거움은 아이의 학습 측면만이 아니라 아이의 인생을 매우 긍정적으로 바꿀 수 있는 기회가 될 것입니다.

 또 여러 부분에서 앞으로 이어질 교과나 새로운 학습의 맛보기를 자연스럽게 경험할 수 있다는 장점이 있습니다.

 재래시장의 '오일장'을 돌아다니면서 체험적으로 얻는 기쁨을 생각하면 환상적인 기분이 듭니다. 또, 자리를 깔고 네 식구가 나란히 밤 바닷가에 누워 쏟아져 내리는 별을 바라보는 것은 '전율' 그 자체입니다. 가슴이 울렁거리는 느낌을 경험합니다. '나'라는 존재가 우주와 더불어 하나가 되는 경험을 할 수 있는 장소는 흔하지 않습니다.

 하루는 성거 쪽에서 안성으로 가는 편도 2차선 도로에서 비가 그친 뒤 쌍무지개가 너무도 선명하고 아름답게 포개져 떠 있는 것을 목격하였습니다.

 인도가 따로 없는 도로였지만, 한쪽에 차를 세우고 두 아이와 함께 무지개를 보고 있었지요. 아름다운 무지개를 보기 위해 지나가던 차들도 한쪽 차도 위에 줄지어 섰습니다. 순식간에 한쪽 도로가 뱀 꼬리 같은 긴 주차장이 되었지만, 어느 누구도 '빵빵' 거리는 사람은 없었습니다.

하늘에 떠 있는 쌍무지개를 보다가 저는 두 아이 귀에 대고 조용히 말했습니다.
"진하야, 진주야, 손가락에 침 발라서 저 무지개 찜해."
아이들은 말귀를 잘 알아들었습니다. 그날 저와 아이들은 쌍무지개의 주인이 되었습니다.

훗날 그중 한 아이가 학교 글쓰기 대회에서 그날의 경험을 인용해서 쓴 글로 '대상'을 수상하였습니다. 그날 같은 장소에서 같은 시간에 무지개를 함께 보았지만 무지개의 주인은 따로 있었습니다. 아이의 글에는,
'나는 다른 사람하고 다르다. 내 마음속엔 쌍무지개가 있다. 그래서 나는 다른 친구들보다 희망이 많고 자신감이 많다.'는 내용이 있었습니다. 한 가지의 체험이 삶의 태도를 바꾸어 줄 수 있다는 좋은 예가 아닐 수 없습니다.

저는 또 생생한 체험을 좋아하는 아이들과 물고기를 자주 잡으러 갔었던 것을 기억합니다. '파리낚시'를 하는 것이지요. 아이들 무릎 정도 흐르는 냇물에서 큰 돌을 양쪽에 얹어 낚싯줄을 물 위에 닿을 듯 말 듯 길게 맵니다. 그리고 인조 파리가 달린 낚싯바늘을 대여섯 개 달아 놓습니다.

물고기가 얼마나 많이 잡히는지, 그 즐거움과 신명을 경험해 보지 않고서는 모릅니다. 낚싯바늘에 걸린 물고기를 손으로 낚싯줄에서 떼어 낼 때의 느낌이 지금도 느껴지는 것 같습니다.

이 정도가 되면 체험은 학습이라기보다 놀이에 더 가까워지는 것이지요. 체험적인 놀이를 통해서 학습은 저절로 되는 것이고 거기에는 '카타르시스'가 있습니다.

여름방학이 되면 집에 있는 날이 거의 없었습니다. 매일 장소가 바뀌니 새로운 날이 되는 거지요.

어느 날은 돗자리와 점심을 싸 가지고 가까운 동네 산으로 갔습니다. 아이들은 이제 하루 종일 밖에 있을 것을 아는지 장난감, 책, 숙제할 것 등을 챙겨 집을 나섰습니다. 저는 적당한 그늘에 돗자리를 깔고 누워 책을 보기도 하고, 세상을 거꾸로 느끼기도 하며 소나무 가지 끝이 바람에 흔들리는 것을 보면서 마음이 간질간질해지는 것을 느꼈습니다.

아이들은 제 주변에서 개미집을 찾으며 놀고, 벌레가 기어가고 움직이는 모습에 넋을 잃기도 하며, 나뭇잎으로 옷도 만들고 가끔같이 놀자며 나타나는 산다람쥐와도 중얼거리면서 놀이에 빠졌습니다.

성거산, 망향의 동산, 태조산, 성산, 서운산 등을 다녔는데, 그중 서운산과 태조산 작은 계곡에는 가재도 있었으니 아이들에게 더할 나위 없이 안전하고 좋은 경험의 장이었던 것 같습니다.

또 아이와 함께 요리를 하는 것 역시 아이와 부모의 관계를 부드럽게 하고 친밀하게 합니다. 기본적인 과학을 습득하게 하는 것 외에 '과정중심'의 사고와 창의력 개발에도 도움을 줄 수 있습니다. 처음에 구경만 하던 아이는 요리사가 되어 만드는 과정에 직접 참

여함으로써 '자신이 삶의 주인인 것'을 반복해서 확인하는 작업을 자신도 모르게 하게 됩니다.

요리를 할 때 시장 보기부터 요리를 하는 모든 과정이 매우 복잡합니다. 이런 과정을 경험해 보지 않은 아이는 부모에게 요구만 하면 요리가 '뚝딱' 하고 나오는 줄 알지요.

모든 과정을 함께해 보고 익숙해지면 어느 날은 아이를 요리사로 지정하고 한 끼를 얻어 먹어 보는 것입니다. 죽이 되든 밥이 되든 참견하지 말고, 모든 실력을 총동원하여 상을 차려 보게 하는 것입니다.

시장을 함께 가 달라고 하면 가 주고 물어보는 것이 있으면 가르쳐 주고 주의할 점을 알려 줍니다. 마침내 요리를 해냈을 때 온 가족이 깊이 감사하며 맛있게 먹어 주는 체험을 해 보라고 권합니다.

아이들에게 다양한 놀이를 체험하게 합니다. 중·고등학생이 되어서도 부모에게 놀아 달라고 떼쓰는 아이는 많지 않습니다. 그러나 유아기 때에는 아이들이 '같이 놀아 주세요.'라고 떼를 많이 씁니다.

아이와 친밀한 관계를 유지하기 원하는 부모들은 이를 거절하지 말아야 할 것입니다. 아이의 인생에서 부모가 놀이 상대가 될 수 있는 시기는 그다지 길지 않습니다.

부모가 많이 놀아 준 아이일수록 문제발생 빈도가 낮으며, '사춘기'를 심하게 겪지 않는 특징이 있습니다.

아이는 놀이를 통하여 의사소통을 하는데, 단순히 '말'과 '행동'을 넘어서 감정의 전달을 깊이 하기 때문에 거기에는 억압된 상태를 스스로 정화시키는 힘이 있습니다.

놀이를 통해 상대방의 입장과 교류 패턴을 이해하기도 하고 지켜야 할 '법칙'을 지킴으로써 어린 시절에 만들어진 도덕성을 확인하고 완성시킵니다.

아이와 함께 놀이를 할 때 장난감을 이용한 놀이는 아버지나 어머니가 아이처럼 놀이에 깊이 빠지기 쉽지 않습니다. 그래서 현장학습을 놀이로 하는 것이 더 좋다는 생각입니다.

민물고기를 손으로 잡는 현장학습이나 축구, 인라인스케이트 등 땀을 뻘뻘 흘리면서 아이인지 어른인지 구별이 안 갈 정도로 놀이에 빠져 같이 놀라고 권하고 싶습니다.

그때 아이와 진정한 교감이 흐르고 '카타르시스'를 느낄 수 있습니다. 이런 것을 공유한 경험이 많을수록 아이는 '사춘기'가 되어서 그 부모와 진정한 교류를 할 수 있는 것입니다.

지금은 너무나 다양한 체험학습을 손쉽게 찾아볼 수 있습니다. 캠프마을(www.camp119.net)과 같은 인터넷 웹사이트를 찾아가면 갯벌생태 체험부터 자연, 도예, 별자리, 역사, 유적지, 전통체험 등의 캠프 활동도 할 수 있고, 일일체험을 할 수 있는 프로그램도 있습니다.

'별난 물건 박물관'도 과학에 근거한 특별한 경험을 할 수 있는 프로그램입니다.

'국립중앙박물관'이나 과학관, 미술관, 기타 전시관, 축제, 연극, 영화 등은 인위적인 공간이지만, 에어키즈랜드, 숲속 놀이터, 여행, 등산 등은 그렇지 않은 좋은 예라 하겠습니다. 꽃이 만발한 봄과 단풍이 불놀이를 하는 가을에는 고궁이나 유적지도 정서에 좋은 체험 장소가 될 수 있습니다.

〈현장학습 체험센터 소개〉

- 김포곤충농장 곤충체험학습 (http://www.beetleland.co.kr)
  - 단체 · 학교 곤충체험학습 상담, 사슴벌레체험
- 두밀리 반딧불이 자연학교 (http://bandilove.kr)
  - 자연학교, 생태체험, 반딧불이 관찰, 식물채집, 별자리 관찰, 나무와 친구하기
- 미래인재개발원 (http://www.edu114.co.kr)
  - 기업교육전문, 체험학습교육, 비전풍 등 13개 모듈의 아웃도어 프로그램을 제공
- 별새꽃돌 자연사 과학관 (http://www.ntam.org/communi)
  - 별 탐사, 자연 체험 학습, 유치부, 초 · 중 · 고등학교, 일반 가족 대상 다양한 캠프
- 전통문화마을 성보촌 (http://www.sungbo.net)
  - 체험학습, 도예, 한지공예, 천연염색, 전통민속체험, 복합 테마 공간

〈인터넷 학습체험 소개〉

- 기탄상상몰 (http://mall.gitan.co.kr)
  - 도서, 교구, 교육용품 소개
- 디노몰 (http://www.dinomall.co.kr)
  - 각종 공룡, 파충류, 곤충 소개
- 스위트팩토리 (http://www.lotteconf.co.kr)
  - 껌, 초콜릿, 비스킷 등을 만드는 과정 소개

## 내 할 일은 스스로

스스로 자기 일을 할 수 있는 능력은 어느 날 갑자기 저절로 생기는 것이 아닙니다. 훈련이 필요하고 연습이 필요한 부분입니다.

어머니의 품을 안전하게 떠나는 첫 경험이 유치원(어린이집)에 아이를 보낼 때이지요. 아이 스스로 자신의 일을 해야 하는 기회를 맞은 것입니다. 왜냐하면 유치원 교육과정이 그렇게 짜여져 있기 때문입니다.

유치원이나 학교에서는 아이가 스스로 하는 교육을 시작합니다. 그래서 선생님은 차츰 아이들의 적응상태를 봐서 비질도 시키고 걸레도 빨게 하고 화분에 물을 주는 것도 가르칩니다. 그리고 이러한 교육은 가정에서도 그대로 연계해서 교육해야 할 필요가 있습니다. 아이들에게 자기 방 정도는 스스로 치우게 한다든지, 수업을 마치고 집에 돌아와서 세수를 하고 손을 씻을 때 자기 양말은 직접 빨게 한다든지 해서 유치원이나 학교의 교육과정에 맞추어 같은 교육을 해야 합니다.

그러나 대부분의 부모는 이런 교육에 신경 쓰지 않으며 이런 작은 부분부터 학교와 가정이 다른 길을 가게 됩니다. 이는 아이들이 자율성을 배우지 못하는 이유가 되기도 합니다.

그러나 모든 부모가 학교 교과과정에 발맞추어 가정에서도 아이를 똑같이 교육한다면 우리 아이들의 미래는 판도가 달라질 것이라 생각합니다. 이 시기의 교육은 너무나 쉽습니다. 왜냐하면 이 시기에 있는 아이의 생각 속에는 선생님이 세상에서 최고이기 때문입니다. 따라서 이 시기는 부모가 선생님과 의논하면서 학교 교과과정의 도움을 받으며 아이의 작은 습관들을 길들이고 고칠 수 있는 기회이며, 이 기회는 아이의 인생에서 다시 돌아오지 않습니다.

아이가 유치원에 다니기 시작하면 실내화를 신게 됩니다. 주말이 되면 선생님은 알림장에 '실내화 빨기'라고 적어 보냅니다. 그러나 어머니들은 이것이 어머니 숙제가 아님에도 아이 대신 해치워 버립니다. '애기한테 시킬 게 따로 있지.' 하면서 말입니다. 어느 때는 선생님이 실내화를 자기가 직접 빨라고 했다며 고집을 부리는 아이도 있습니다. 그러면 엄마는,

"쓸데없는 소리 말아. 네가 뭘 할 줄 안다고 그래? 나중에 좀 더 크면 그때 네가 해."라고 말하며 아이의 손에 든 실내화를 빼앗듯이 낚아채 빨아 버립니다. 아이는 울지요. 그러나 한두 번 이런 상황이 반복된다면 아이는 이제 당연히 실내화를 어머니에게 던져 놓습니다. 첫 단추를 잘못 끼워서 고등학교를 졸업할 때까지 혹은 성인이 되어 결혼할 때까지 자녀는 당연히 자기가 할 일을 어머니에게 던져 놓습니다.

그러나 현명한 어머니는 아이와 함께 욕실에 들어가서 아이에게 실내화 한쪽을 맡게 하고 솔에 비누를 묻혀 시범을 보입니다.

"자, 이렇게 하는 거야. 한 번 따라해 봐. 어때? 재미있지?"

그리고는 아이가 빤 실내화를 양지 바른 곳에 널라고 합니다.

그날 아이는 놀면서 자기가 빤 실내화가 언제쯤이면 다 마르게 되는지 확인하기 위해 수도 없이 드나듭니다.

어머니가 이 아이의 표정을 함께 즐길 수 있다면 어머니와 아이는 행복의 길로 들어선 것입니다. 아이가 빤 실내화에서 비록 땟국물이 줄줄 흘러도 어머니는 잘했다고 칭찬하며 웃어 주는 것입니다. 아무리 땟국물이 흘러도 바싹 마르면 좀 하얗게 되기 마련이거든요. 좀 얼룩이 졌으면 어떻습니까? 그 아이는 월요일 아침을 분명히 기다릴 것입니다.

이제 이 아이는 스스로 할 수 있는 일이 하나 생겼습니다. 자신이 자랑스러울 것이고 분명히 유치원에서도 긍정적인 영향을 미칠 것입니다.

5장 통합적 교육

 아이가 자라 고등학교 3학년이 되었습니다.

"엄마, 이번 주에 중간고사 봐요."

"엄마가 이번 주만 교복 좀 빨아 주시면 안 돼요?"

"그래, 알았어. 걱정 말고 공부해. 이번 주는 엄마가 해 줄게."

"이제 고등학교 3학년이니까 일 년 동안은 엄마가 서비스해 줄게. 그 대신 네가 빨아야 할 때 빨아 달라고 말하면 좋겠어."

"네, 엄마. 고맙습니다."

아이는 마음까지 밝아지는 듯 목소리가 한껏 올라가 있습니다.

매사가 그렇습니다. 아이가 고등학교 3학년이 되었으니 한 해 동안만 교복이며 운동화 등을 엄마가 맡아 주겠다고 약속합니다. 아이는 남자아이이지만 중학교와 고등학교 교복을 스스로 빨고 다리미질해서 입고 다녔습니다. 시험 기간이나 정 바쁠 때에만 엄마에게 정중히 부탁을 했습니다.

아이의 부탁을 거절한 적은 없었지만, 그렇다고 해서 아이가 게으름을 피운다든지 하는 일은 없었습니다. 왜냐하면 아이는 자율성을 갖기를 간절히 원하고 있었거든요. 엄마의 간섭을 받고 싶지 않았다고 표현합니다. 그렇기 때문에 어쩌다 한 번 엄마의 서비스가 감사하고 기쁨이 되는 것입니다.

아침에 아이를 깨우는 것은 유쾌한 일이 아닙니다. 잘 일어나지

 그래? 그렇구나!

않기 때문이지요. 몇 번 깨우는 것을 반복하다 보면 감정이 상할 때도 있고, 온 집안이 아침 전쟁을 치르기도 합니다.

아이의 기본적인 생활습관은 어릴 때부터 길들여야 하는데 대부분의 부모가 그 시기를 놓칩니다. 언제 해야 좋을지 모르기도 합니다. 습관을 길들이는 시기는 자녀가 유치원이나 초등학교에 들어가는 순간부터 시작하면 되는 것입니다.

이 또한 교과과정에 나오는 것입니다. 아침에 일어나서 잠옷을 갈아입고 부모님께 문안인사를 하는 생활교육을 합니다. 그런데 학교에서 선생님이 가르치는 부분과 가정에서 부모가 가르치는 부분을 구분해야 합니다. 학교에서 이론적으로 가르치는 대부분의 생활과 관련된 교육은 가정에서 실습하지 않으면 아무 소용이 없습니다.

유치원과 초등학교 1, 2학년 교육은 아이의 평생 습관을 마무리 짓는 시기입니다. 이 시기에 아이의 인생태도를 재구성할 수 있는데, 그 기회를 영원히 잃어버리는 부모들을 볼 때 안타깝기 그지없습니다.

또한 부모들은 아직도 아이를 자율성을 교육해야 하는 아이로 보지 않습니다. '아기'로 보기 때문에 깨워 줘야 하는 것입니다. 결국 모든 응석을 받아 주면서 시작하는 습관이 나중에는 아침 전쟁으로 커지게 되는 것입니다.

방법을 제시한다면, 아이 스스로 일어나야 한다는 것에 대해 충분히 이야기를 나누고 방법을 의논하면서 알람시계를 마련해 줍니다. 아이 스스로 일어나야 하는 이유는 여러 가지가 있겠지만, 가장 중요한 것은 자율성을 갖기 위한 연습을 해야 하기 때문입니다.

# Hobby
## 취미

# 취미

## 취미생활

취미생활은 여가 시간을 어떻게 활용하여 나를 즐겁게 할 것인가, 그리고 삶의 에너지를 어떻게 충전받을 수 있는가의 입장에서 생각해 볼 수 있습니다.

취미생활은 삶의 에너지를 충전받는다는 점에서 우리 인생에서 너무나 중요합니다. 그것은 긍정적이고 건강한 대인관계를 할 수 있는 에너지이고, 자율성을 가진 한 인간으로서 자기주도적인 삶을 살아갈 수 있는 또 하나의 열쇠가 되는 것입니다.

세상에는 자신을 즐겁게 해 주는 일이 많이 있을 수도 있지만, 거꾸로 어느 누구도, 어디에서도 자신을 즐겁게 해 주는 일이 없을 때도 많습니다.

우리는 다른 사람을 생각하고 배려해 주는 일은 잘하면서 자기 자신에게는 그렇지 못한 문화 속에서 생활해 왔고, 그것을 대물림해 왔습니다. 그래서 자신을 살피고 자신을 지지하며 스스로를 즐겁게 해 주는 일을 위하여 시간을 투자한다는 것에 익숙하지 않습니다.

취미는 인간이라면 누구나 타고나는 속성이지만, 사람들은 자신의 속성을 잘 알지 못할 뿐더러 자신이 처한 환경과 문화에서 그것을 계발하지 못하는 경우가 많습니다.

자신에게 흐르는 에너지의 흐름을 아는 것은 정신과 육체를 건강하게 유지할 수 있게 하는 하나의 메커니즘이기 때문에 이 주제를 다루는 것입니다. 정신분석학자 프로이트는 모든 인간에게는 삶의 에너지가 있다고 했으며, 그것을 '리비도'라고 말합니다. 취미생활은 인간의 삶에 에너지를 충전해 주는 발전기 같은 역할을 한다고 생각해 볼 수 있습니다.

수영코치가 수영을 하는 것을 보고 우리는 취미생활을 한다고 하지 않습니다. 또 기타리스트가 새로운 곡을 연습하는 것을 취미생활이라고 하지 않습니다.

즉, 자신의 직업에 관련된 것을 연속적으로 하는 일을 우리는 취미생활이라고 하지 않는 것입니다. 일을 떠나서 자신을 즐겁게 하는 것을 찾아서 할 때 비로소 취미생활을 한다고 말합니다. 아무리 자기가 좋아서 하는 일이라 할지라도 일과 관련된 연속적인 것은 취미생활과 다른 것으로 구별됩니다.

일상에서 의식적·무의식적으로 억압된 자아를 편안하고 즐겁게 해 주는 것이 취미생활입니다. 그러므로 다시 일상으로 돌아갔을 때 에너지가 충전되어 다시 과제를 능률적으로 할 수 있도록 힘을 주는 것이 참다운 취미생활이라는 것입니다.

성인이나 아이나 이 세상에 있는 모든 인간은 자신을 즐겁게 해야 할 책임이 있고, 즐겁게 살아야 할 권리도 있습니다. 많은 사람이 나이가 들어 노인이 되었을 때 좀 더 하고 싶은 것을 하지 못한 것에 대한 아쉬움을 갖는 것을 쉽게 봅니다. 자신을 즐겁게 하지 못했다고 생각하는 사람들은 더더욱 그렇습니다. 일밖에 모르고 살았다고 말하는 많은 성공한 사람들의 후회는 자기를 즐겁게 하면서 살지 않은 것에 대한 후회입니다. 다양한 취미생활의 경험을 갖거나, 한두 가지라도 그 활동에 푹 빠져 있는 시간을 보내면서 자신에게 즐거움을 스스로 찾아 준 사람들은 삶에 대한 만족도도 높고 행복합니다.

아이의 취미생활은 스포츠, 레저, 문화, 예술, 과학, 역사, 철학, 환경, 사회, 놀이 등 그 종류를 모두 나열할 수 없을 정도로 다양합니다.

모든 아이는 자아가 형성되면 서서히 취미생활을 시작합니다. 그러나 많은 아이가 중·고등학생이 되면 취미생활을 하지 못하고 자신의 취미가 무엇인지도 잘 모릅니다. 그 이유는 어머니가 가지고 있는 가치의 틀 안에서 학습과 관련된 것들만 인정하고 어머니가 그다지 중요하게 생각하지 않는 것들의 '싹'은 어머니 자신도 모르는 사이에 잘라 버렸기 때문입니다.

아이가 놀이를 시작하면서 다른 것과 다르게 좀 더 깊이 빠져들고 싶어 하는 부분이 있습니다.

그림에 특별히 반응하며 그와 관련된 놀이를 더 깊이 하는 아이가 있고, 어떤 아이는 음악에, 어떤 아이는 동물을 기르는 것에, 또 어떤 아이는 또 다른 것에 더 많은 관심을 갖고 그와 관련된 놀이를 하고 싶어 합니다.

어머니들이 그것을 가장 쉽게 알 수 있지요. 어떤 것은 조금 하다가 욕구가 더 생기지 않으면 대부분 그만두고 다른 것에 다시 관심을 갖는 것이 보통이지만, 특별히 즐기고 있고 집착하는 것 같다고 느끼는 것들을 유심히 살펴보면 아마도 그것이 아이의 성향과 맞는 취미일 가능성이 높은 것이지요. 그러면 어머니는 연관되어 있는 것들을 제공해 주고 확장시키는 체험을 할 수 있도록 도와주어야 한다는 것입니다.

"우리 딸아이는 세 살인데요. 창피해서 데리고 다닐 수가 없어요."

"무엇 때문에 창피한가요?"

"음악 소리만 나면 몸을 흔들어 대며 춤을 춰요. 특히 마트나 공공장소에 갔을 때는 잡고 있던 손을 놓고 춤을 추는데 너무 창피해요."

"혹시 아이가 춤과 관련된 환경에 노출되어 있나요?"

"아니요. 춤과 관련된 환경은 TV를 보는 것밖에는 없어요."

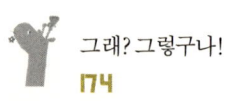

만약 여러분이 이 사례의 어머니처럼 세 살 된 딸아이가 아무 곳에서나 잡고 있던 손도 놓아 버린 채 춤을 춘다면 어떻게 하실 건가요? 이 엄마는 지금 어떤 상황일까요?

이 어머니는 '대박'을 터트린 것입니다. '대박'이란 흥부가 맨 마지막에 가른 박으로 그곳에서 나온 최고의 금은보화를 얻게 된 것을 말하지요. 상담을 통해서 그 아이는 천안에서 서울로 일주일에 한 번씩 뮤지컬 극단에 드나들게 되었고, 수년 전 한 작품의 주연배우를 맡으면서 그 실력을 인정받게 됩니다. 지금은 미국에서 장학생으로 춤과 노래를 공부하면서 성공의 길로 가고 있다는 소식을 들었습니다.

친구들 중 자신이 가장 행복하고 신나는 인생을 살고 있다고 말하는 그 어머니의 모습과 그때 창피하다고 아이를 감추고 싶어 안절부절못하던 어머니의 모습은 많은 것을 생각하게 하였습니다. 그때 선생님은 그 어머니에게, "이렇게 빨리 아이의 재능과 적성을 발견한 것을 축하해요. 너무 좋으시겠네요. 이 아이의 적성에 맞는지 한 번 전문가에게 의논해 보세요."라고 간단히 말했을 뿐이었는데, 이 어머니는 '아이가 추는 춤'을 취미로 발전시킬 수 있도록 환경을 만들어 주었고, 아이는 행복하게 취미를 전공과 연결시켜 성공한 사례로 만든 것입니다.

아이가 심취해 있고 즐거워하며 빠져드는 일에 조금 더 관심을 가지고 더 좋은 환경을 제공해 주라고 부탁하고 싶습니다. 그리고 이때 부모의 틀을 아이에게 적용시키지 않는 것이 숙제입니다. 아이들의 취미의 다양성은 그 한계를 정할 수가 없습니다.

부모의 틀로 아이를 교육한다면 그 아이는 결코 자율적인 인간이 될 수 없고, 행복한 삶도 살 수 없으며, 그 부모보다 크게 되지도 못한다는 사실을 기억했으면 좋겠습니다.

어느 날 초등학교 2학년인 아이를 데리고 오기 위해 학교 앞에서 기다리고 있는데 아르바이트로 학원차를 운전하는 아이 친구의 어머니가 다가와 웃으며 말합니다.

"주성 어머니, 주성이는 어쩜 저렇게 놀아요? 내가 아이들 노는 것을 한두 번 보는 게 아닌데요. 주성이는 미친 듯이 놀아요."

"그래요. 기분 정말 좋아요. 아이는 미친 듯이 놀아야 해요."

사실 그날 이후 지금껏 그때처럼 미친 듯이 놀이에 빠져 있는 아이를 본 적은 없었습니다. 그러나 그때 들었던 그 어머니의 목소리는 항상 제 귓전에 살아 있습니다.

지금껏 사고를 제외하고는 이 아이가 이틀 이상 아파 본 경험이 없습니다. 아이가 얼마나 건강한지, 아마도 그 정신세계가 건강하기 때문이며, 자신의 정신세계를 건강하게 유지하는 능력이 있기 때문인 것 같습니다.

아이가 스스로 에너지를 충전하는 방법을 알기 때문에 건강한 생활을 하는 게 아닌가 생각합니다. 이 아이의 최고의 취미는 놀이였던 것 같습니다.

스포츠는 정서적 영역이기보다는 활동적 영역이기 때문에 아이 스스로 접하기가 어려운 부분입니다. 공을 가지고 하는 야구나 농구 등은 쉽게 학교에서나 또래집단에서 가능하지만, 스키나 스노보드, 인라인스케이트, 볼링, 테니스, 스케이트, 골프, 조정, 승마 등은 환경을 제공하여 경험해 보게 해야 하는 것들입니다.

물론 스키나 스노보드는 대중화되어 있지만, 조정이나 승마 같은 것은 아이 스스로가 경험하기에는 다소 어려움이 있는 것이 사실입니다. 하지만 경제적인 여건이 되면 다양한 경험을 해 보게 하는 것도 좋습니다.

아이가 스포츠에 관심이 많으면 월간지를 구독하는 것도 스포츠를 활성화시켜 주는 하나의 방법입니다. 경기장에 함께 관람을 가는 것도 좋습니다. 스포츠 동호회에 가입하여 또래들과 교제하며 직접 경험을 할 수 있다면 더욱더 좋겠지요.

## 취미생활은 에너지 충전

저의 취미는 여행과 등산입니다. 취미의 개념에 가까운 이유는 먼저 여행과 등산에서 삶의 에너지를 충분히 받고, 그로 인해 저 자신이 신명 나고 즐거운 시간을 보낼 수 있기 때문입니다.

그것은 생각만 해도 행복하고 가슴이 두근거리는 일입니다. 제 생활의 일부로 나의 정체성을 이루는 한 부분이기도 합니다.

여행을 떠나기 전에는 항상 심한 갈증을 느낍니다. 현존한 내

생활에 없는 것을 자꾸만 내 몸이 요구하는 것을 느낍니다. 정신 의식 속에 복잡한 무언가가 가득 차 있어 스스로 원하는 것을 제대로 찾아낼 수 없거나 그것과 교감할 수 없는 답답함이 밀려오는 것을 느낍니다.

어느 순간 내가 어떤 중요한 일을 결정하기 위하여 용기가 필요할 때가 있습니다. 그럴 때 저의 배경에 있는 용기가 '툭' 하고 나타나 그 일이 잘 해결되도록 힘을 발휘해 주었으면 좋겠습니다. 그런데 사사건건 그렇지 못할 때가 많으니 답답한 것입니다.

분명 내게는 용기가 있었다는 말입니다. 어린 시절 친구들과 함께 마을 입구에 있는 다리 위에서 '누가 더 용기 있는지' 내기를 하면서 두 눈을 꼭 감고 덜덜 떨리는 심장을 두 손으로 꽉 쥔 채 뛰어내린 적도 있었습니다. 온 동네 아이들이 다 모여서 바라보고 있는 앞에서 꽁꽁 얼어붙은 개울물 위를 걸어가는 '용기'를 시험하는 놀이를 하기도 했습니다. 얼음이 깨지는 소리라도 나면 여기 저기에서 가슴 떨리는 신음소리가 났을 정도로 무서웠던 것을 기억합니다. 얼음 위를 걷는 아이보다 그 광경을 바라보는 아이들의 얼굴이 더 차갑게 굳어 있었습니다. 이처럼 그 당시에는 정말 용기가 필요한, 목숨을 건 놀이들을 했습니다.

어른들은 아이들의 행동이 무모한 짓이라고 야단이었지만, 아이들은 그런 '용기'를 시험하는 놀이로 서열을 정하고, 모든 아이들의 행사와 놀이문화를 이끌어 갔던 것입니다.

그런데 어른이 되니, 그때와 비슷한 모양의 용기를 찾기가 어렵

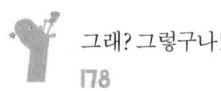
그래? 그렇구나!

습니다. 조금 부담되는 일이 자신의 앞에 펼쳐지면 자꾸 피해 가려 하고, 돌아가려 하고, 다칠까 봐 몸을 사리고, 상처받을까 봐 부딪쳐 보지도 못하고 피해 버리는 일들이 부지기수인 것이 답답하기만 합니다.

이처럼 더 이상은 안 되겠다 싶을 때 훌훌 세상을 털어 버리고 자신의 무의식 속에 잠자고 있는 '또 하나의 나의 모습'인 용기를 찾기 위해 자신이 가장 편한 환경으로 나서는 것입니다.

맨 처음 여행지를 정하고, 한두 가지 목적을 생각해 봅니다. '나는 이 여행을 통해서 무엇을 얻을 것인가?' 한 번은 '용기'를 찾으러 태국으로 갔습니다. 거기에 용기가 있냐고요? 네. 방콕, 파타야에 가니 '용기'가 있었습니다.

평상시 제 모습은 자유롭지 못한 부분이 많았고, 무엇인가 일을 추진할 때 망설임이 증가하는 것을 종종 느꼈습니다. 그런 제 모습이 영 참을 수가 없어진 것입니다.

그래서 여행지를 정하고 목적을 나름대로 세운 다음 여행 준비를 했습니다. 평소에 제가 하지 못했던 그 어떤 것을 성공적으로 해 내는 것입니다. 남대문시장에 가서 여행을 위하여 몇 가지 옷을 샀는데 '군복' 형식의 무늬와 디자인으로 몇 벌 사고 거기에 맞는 소품도 구입했습니다. 그런 옷은 일회용으로 여행지에서 돌아오면 입을 기회가 없어지기 때문에 가장 저렴한 것으로 구입했지요. 학부모들을 만나고 학교에서 아이들을 상대하는데 '군복'을 입을 일은 없지요. 4박 5일을 군인정신으로 살다 올 계획이었습니다. 흐지부지한 모습 대신에 '안 되면 되게 하라.'는 모습으로 변신해 보려 한 것이었지요.

여행 목적이 그렇기 때문에 다른 준비는 하지 않았습니다. 밑반찬이나 김치, 고추장을 싸는 일 같은 것은 하지 않았지요. 오직 저의 무의식 속에 있는 '용기'를 찾아오는 것이 목적이었니까요.

여행은 억압되고 겉치레로 살아가는 모습의 허물을 벗고, 깊은 내면으로 들어가 자신의 다른 모습을 찾아내는 것입니다. 형식이 필요 없는 곳에서, 아무도 자신을 아는 사람이 없는 곳에서 그것을 가능하게 하는 일은 그리 어려운 일이 아닙니다. 그것은 스스로 체면을 위해서 '거짓 나'로 살아가지 않아도 되기 때문입니다. 일상에서 하고 싶었는데 할 수 없었던 일을 한 가지씩 해 보면서 자신의 감정을 이해하는 것입니다.

한 번은 일본에 갔을 때입니다. 여행의 주제는 '자유로운 나'를 찾는 것이었습니다. 사회적 위치 때문에 자유롭지 못한 것이 많습니다.

교과와 관련된 교육을 하는 것은 아니지만, 선생님이라고 불리는 이유로 언행에 제한을 받는 것이 자유를 빼앗긴 것처럼 느껴질 때가 더러 있습니다.

어쩌면 교과보다 더 값지고 귀한 것들을 가르치는 입장이기 때문에 하고 싶은 행동을 절제하고 살아야 한다는 아픔이라고 표현할 수도 있습니다. 세팅된 무대에서 다른 사람들의 입맛에 맞는 대본 대로 살아야 하는 것이 싫을 때가 있습니다.

주연배우이지만 감독과 작가에 의해서 위치가 제한되는 것은 저를 답답하게 합니다. '선생님'이 그런 옷을 입으면 곤란하지요. '강사'가 그런 행동을 하면 안 되지요.

엄마이기 때문에 자유롭지 못한 것도 많습니다. 무엇이든 자식이 원하는 것은 다 주어야 하나요? 아이들이 실수를 하면 '화'를 낼 수도 있고, 소리를 지를 수도 있지요. 그런데 아이들은 우리 엄마가 그러는 모습은 이상하다는 겁니다. 엄마가 밖에서 하고 다니는 일들에 대해 잘 알고 있기 때문이기도 하고, 다른 이유도 많겠지요.

그리고 누구누구의 아내이기 때문에 자유롭지 못한 것들도 때때로 저를 당황하게 합니다. 회사에서 부부동반 모임이 있을 때는 특히 더 그렇습니다. 그런 모임에서 저 개인은 없고, 누구누구의 아내로 존재해야만 합니다. 남편의 직급이 곧 제 직급이 되지요. 익숙하지 않아서 당황스럽고 불편한 것입니다. '사모님'이라는 소리도 부담이 됩니다. 사장님 부인만 사모님이라고 불렀으면 좋겠다는 생각을 수도 없이 하지만 돌아가는 형편은 제 생각과 판이합니다.

또 그런 자리에서 무엇인가 요구할 때, 그것이 남편에게 부정적인 요소가 될까 봐 어쩔 수 없이 해야만 하는 것들도 있지요.

이렇게 본래의 제 모습은 감추고 그들이 요구하는 '나'로 살고 있는 것에 신물이 나면 할 수 없지요. 자신의 자유를 찾아야만 하는 것입니다.

6장 취미

물론 한정된 기간이지만, '나'라는 한 인간으로 돌아가 무의식을 풀어 놓고 자유로워지는 겁니다. 자유를 찾아 만끽하고 싶기 때문에 그 여행에서 나는 매 순간 자유로워지려고 합니다. 나에게 있는 모든 환경과 접촉된 사슬을 끊고 의미를 부여합니다. '이제부터 나는 자유다.' 그리고 처음 보는 여행지의 자연 속에서, 다른 문화의 공간 속에서 자유로운 자신의 자화상을 만들어 갑니다.

여행에서 돌아오는 내 모습을 상상하는 일은 감동스럽습니다. 에너지가 충전된 '나'는 이 세상 어느 곳에 있다 하더라도 견딜 수 있을 것 같고, 무슨 일이 있더라도 해결할 수 있을 것 같이 느껴집니다.

내가 사는 공간에는 없고 여행지에만 있는 특별한 사물들과의 교감은 짜릿한 기쁨입니다. 여행지에서만 느낄 수 있는 그 무엇은 터질 것 같은 희망입니다.

어떤 때는 '아름다운 나'를 만나러 떠나기도 하고, 어떤 때는 '쉼'을 목적으로 떠납니다.

그래서 경험을 하게 됩니다. 참된 쉼이란 엄마 품에 안긴 아가의 모습으로 돌아가는 것이라는 것을 말입니다.

그래서 취미생활은 내게 카타르시스입니다.

취미생활은 내게 에너지입니다.

취미생활은 내게 행복입니다.

저의 또 하나의 취미생활은 등산입니다. 시간이 있을 때는 거의 주말마다 산에 갑니다. 트래킹을 하다 보면 신선한 공기에 가슴까

지 시원해지고 시야가 넓어집니다. 잡념이 사라지고 전신에서 활력을 느끼게 됩니다.

새로 나오는 새싹을 보면 괜히 마음 한구석이 간지럽고, 산다람쥐라도 만나면 그 순간을 가슴으로 사진을 찍습니다. 저 자신이 그 장면의 한 부분인 듯 느껴지면서 나의 존재에 매력을 느끼게 됩니다.

작은 계곡에서 바위 위로 톡톡 떨어지는 물방울을 보면, 한여름의 어느 날 소낙비를 기분 좋게 맞을 때 그 빗방울 알갱이가 얼굴을 '톡톡' 두드리는 듯한, 그리고 그때 온몸의 세포가 재생하는 듯한 상쾌함을 느낍니다.

혼자만 걸어갈 수 있는 오솔길을 만나면 또 다른 책갈피를 장식하는 내 모습이 보여 아름답고, 자신과 깊은 대화를 할 수 있는 시간 속 문을 여는 것 같아 가슴이 울렁거리는 느낌입니다.

큰 바위가 갈라져 있으면 잠시 자신의 몸을 그곳에 맞춰 봅니다. 소름이 돋습니다. 나는 어느새 자연의 한 부분으로 돌아가는 경험을 합니다. 이때 제가 느끼는 에너지는 너무도 강렬하여서 정말 전기가 오는 듯합니다. 너무 감상적이라 웃는 사람들도 있을 테지요. 그러나 이것은 다만 제가 느끼는 경험을 이야기하는 것입니다.

정상에 올라가 두 팔을 벌리고 가장 큰 호흡을 하며 하늘을 보는 순간은 감격 그 자체입니다. 그때는 온 우주가 나를 중심으로 돌고 있는 것을 느끼거든요. 내가 우주의 중심이라는 생각에 심장이 얼마나 팔딱거리며 뛰는지 모릅니다. 그 심장 소리를 누구에겐가

6장 취미

들려줄 수 있다면 아마도 그 사람은 세상에서 가장 행복하고 리듬감 있는 심장 소리를 들었다고 말할 것입니다.

온 우주가 나를 중심으로 돌고 있는 경험을 하면, 일상으로 돌아갔을 때의 자존감은 예사롭지 않습니다. 자신을 얼마나 소중히 여기게 되는지 모릅니다. 자동시스템을 켜 놓은 것처럼 살아지는 것입니다.

비가 오는 날 등산을 하는 것과 눈이 오는 날 등산을 하는 것은 신비로운 세계로 들어가는 통로 같습니다. 빗속으로 걸어 들어가는 자신의 모습이 신비롭습니다.

눈 내린 산을 오르면 나는 동화 속 주인공이 됩니다. '나니아 연대기'가 다른 곳에 있는 것이 아니지요. 취미생활을 통하여 저는 무엇과도 이야기할 수 있고 무슨 생각이라도 할 수 있습니다. 세상의 언어로는 이 기분을 모두 표현할 수 없습니다.

취미생활을 제대로 하면 행복한 삶을 살 수 있습니다. 아이들이 취미생활을 즐길 수 있도록 도와주는 것은 분명히 그 아이의 인생에서 많은 문제를 감소시켜 줍니다. 따라서 자신에게 맞는 취미생활을 제대로 할 수 있도록 환경을 만들어 주고 그것을 찾도록 도와주는 것은 중요한 일입니다. 취미생활을 즐기는 경험을 한 아이가 사춘기의 많은 문제에 쉽게 적응해 나가는 예는 많습니다.

# Economic Education

경제교육

# 경제교육

사람들은 모두 부자가 되고 싶어 합니다. 저는 경제학자도 아니고 경제활동에 능통한 사람도 아닙니다. 단지 아이들을 교육하면서 미래를 준비하는 아이로 키우고 싶다는 생각을 하게 되었습니다. 돈 많은 아이로 키우는 것은 어쩌면 쉽습니다. 부모가 돈을 많이 물려주면 되는 것이니까요.

그러나 저는 아이가 부자가 될 수 있는 재목으로 성장했으면 좋겠다는 생각을 합니다. 그것은 완전히 자기주도적인 인생을 살아갈 수 있게 하는 한 부분이기도 합니다.

어쩌면 영어나 수학공부보다 경제공부가 더 중요할 수 있습니다. 남에게 해를 끼치지 않으면서 사회에서 인정받는 훌륭한 사람, 민주사회의 건강한 시민이 되기 위해서 더욱 그러하다는 생각입니다.

범죄가 일어나는 대부분의 원인은 돈과 관련되어 있다는 것을 우리는 잘 알고 있습니다. 물론 다양한 촉발요인이 있겠지만, 돈이 범죄와 끊을 수 없는 관계임에는 틀림이 없습니다.

부모가 아이에게 경제를 가르치려 한다면 참고할 만한 좋은 책도 많습니다. 단지 여기에서 거론하고 싶은 것은 경제교육과 아이를 어떻게 접촉하게 해 줄 것인가와 어떻게 흥미를 갖게 할 수 있는가에 관한 것입니다.

### 개미와 베짱이

개미들은 내리쬐는 햇빛 아래서 땀을 뻘뻘 흘리며 일을 합니다. 벌써부터 겨울 준비를 하는 것이지요.
　겨울에는 먹이를 구하러 나갈 수가 없으니 겨울이 오기 전에 먹이를 창고에 쌓아 두어야 하는 것입니다.
　개미 허리를 보세요. 자기 몸무게의 수십 배나 되는 먹이를 끌고 가느라 휘어진 허리를 펼 새가 없어 저렇게 가늘어진 것이랍니다.
　어디선가 노랫가락이 들려옵니다. 잠시 땀을 손끝으로 훔쳐 내며 노랫소리가 들리는 곳을 보았습니다. 베짱이입니다. 시원한 나무 그늘에 누워서 노래를 부르고 있습니다. 개미들이 걱정스러워 한마디 합니다.
　"베짱이님은 겨울 준비를 안 하세요?"
　"그렇게 노래만 부르고 놀기만 하다가 겨울이 오면 어쩌려고 그러시나?"
　베짱이 귀에 개미의 소리는 들리지 않습니다. 단지 여기에서 지금

그래? 그렇구나!

즐거운 노래를 마음대로 부를 수 있고 시원하면 그만입니다.

　겨울이 되었습니다. 몹시 추운 어느 날 베짱이가 개미의 집 대문을 두드립니다.

　"베짱이님, 이렇게 추운 겨울에 웬일이세요?"

　"개미님, 먹을 것 좀 주세요. 춥고 배가 고파요."

　베짱이의 말에 개미는 먹을 것을 줍니다.

뒷이야기를 꾸며 경제동화를 만들어 볼까요?

　개미들은 먹을 것은 많이 쌓아 두어 걱정이 없는데, 하루하루를 보내는 게 지루하기만 합니다. 그래서 허기를 채우고 난 베짱이에게 제안을 하지요.

　"베짱이님, 우리와 함께 살아요. 같이 살면서 우리에게 여름내 연습했던 노래들을 불러 주세요."

　개미들은 베짱이의 의식주를 해결해 주고 그 대가로 베짱이가 공연하는 클래식, 가요, 오페라, 뮤지컬을 밤마다 관람하며 긴 겨울을 행복하게 지냈답니다.

　이것이 경제라는 것입니다. 생산과 소비와 분배가 들어 있습니다. 사실은 우리가 움직이고 활동하며 무엇인가를 해내기 위한 모든 것에는 경제원리가 기본으로 깔려 있다고 생각하면 좀 쉬울 것 같습니다.

　학교에 가서 수업을 해 보면 돈에 관심 있는 아이들이 너무 많습니다. 가장 소중한 것을 세 가지씩 적으라고 하면 돈을 안 쓰는 아이가 없을 정도입니다. 세 개를 놓고 고민해 본 후 정말 자신이 살아가는 데 가장 소중한 것 하나만을 선택하라고 하면 역시 다수의 아이들은 돈이라는 단어를 선택합니다.

이유를 물어보면 모두 돈만 있으면 뭐든지 다 할 수 있다는 공통된 답을 합니다. 물론 생각을 전환시키는 프로그램으로 아이들의 사고를 확장할 수 있도록 유도하지만, 어느 때는 돈에 대한 생각을 경제활동 속으로 통합시켜 놀이를 하기도 합니다. 아이들의 돈에 대한 반응은 모두 부모와 사회환경으로부터 습득한 민감성입니다. 돈을 소중하다고 생각하는 아이들 앞에서 물질만능주의를 지탄하기보다는 돈을 어떻게 잘 사용할 수 있는지를 생각해 보도록 지도하는 것도 나쁘지 않은 경험이었습니다.

남녀노소 누구나 돈을 좋아하는 세상에 살고 있으니 그것을 부정하기보다는 긍정적으로 활용하는 연습을 해야 하지 않을까요?

초등학교 6학년 아이들과 '갑자기 많은 돈이 생긴다면?' 이란 주제로 브레인스토밍을 했습니다. 많은 문장 중에서 자신의 마음에 드는 좋은 문장들을 뽑아 보게 했는데 그 순위는 다음과 같습니다.

〈갑자기 많은 돈이 생긴다면?〉
1. 미래를 위해서 사용한다.
2. 가족과 친구들, 그리고 어려운 사람들과 사회를 위해 사용한다.
3. 저축을 한다.

그래? 그렇구나!

4. 돈을 쓰기 전에 계획을 세운다.

5. 부모님과 의논을 한다.

6. 돈을 주신 부모님께 감사한다.

7. 돈을 쓰기 전에 꼭 원하는 것인지 생각해 본다.

8. 더 많이 벌 수 있는 곳에 투자를 한다.

9. 더 큰 부자가 되어 부모님께 효도한다.

10. 회사를 차린다.

그 외 자신의 유흥을 위해 사용한다거나 부정적으로 사용하는 경우는 제외시키자고 했더니 아이들의 반응은 좀 더 깊이 생각하며 적극적이 되었습니다.

엄마는 네 살인 아이와 함께 대형 마트에 갔습니다. 집이 시골 '리' 단위인 곳에 있어서 주위에는 가게도 없었으므로 물건을 사러 갈 때는 항상 아이들을 데리고 다녔습니다.

그런데 그날따라 엄마의 물건 하나가 아이의 눈에 강렬하게 들어왔습니다. 그것은 엄마의 지갑 속에 들어 있는 카드였지요. 그것은 아이가 엄마와 마트나 백화점에 갈 때마다 늘 똑같은 생각이 들게 하는 거였습니다.

세상에서 가장 좋은 것이라는 생각이 드는 물건이었습니다. 돈보다 더 좋은 것 같았습니다.

    엄마가 필요한 물건을 사고 나서 물건 값을 계산할 때는 종종 지갑 속에 있는 카드를 자랑스럽게 꺼내는데, 그러면 계산대에 있는 누나들은 눈인사를 하며 계산을 해 주면서 감사하다는 인사까지 하는 거였습니다. 아이는 엄마의 카드가 너무 갖고 싶었습니다. 아이는 생각했습니다.

    '저 카드 하나만 있으면 정말 좋겠다. 그럼 내가 사고 싶은 축구화도 사고 블록도 사고, 로봇도 살 수 있을텐데…….'

    아이는 엄마가 안 계실 때마다 엄마 지갑 속에 있는 카드를 꺼내서 여러 번 만져 보았습니다. 머릿속에 모두 입력이라도 하려는 듯이 이리저리 살펴도 보았습니다.

    어느 날 미술시간에 선생님께서 각자 가장 좋아하는 그림을 그리라고 하셨습니다. 아이는 신이 나서 엄마의 카드를 그리기 시작했습니다.

    그림을 그릴 때 카드 모양을 생각하며 지웠다가 다시 그리기를 반복했습니다. 그런데 아무리 똑같이 그리려고 해도 잘 되지 않는 거였습니다. 그러는 아이를 보고 선생님이 물으셨습니다.

    "얘야, 넌 뭘 그리는 거지?"

    "카드요. 엄마의 카드."

    언제나 아이의 그림에 칭찬을 아끼지 않으시던 선생님은 고개를 갸웃거리며 지나가셨습니다.

    그날 아이는 처음으로 미술시간에 자기가 그리고 싶은 그림을 그리지 못했지요. 집으로 돌아온 아이는 엄마에게 말했습니다.

    "엄마, 저 카드 좀 빌려 주세요."

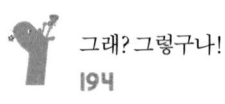

"카드? 무슨 카드?"

"백화점에 갈 때 돈 대신 내는 카드요."

"왜?"

"카드를 그릴 거란 말이에요. 나도 엄마처럼 카드를 만들어서 갖고 싶어요."

엄마는 웃으며 카드에 숨겨진 비밀 이야기를 해 주었습니다. 그 카드는 직불카드라는 것이고, 그것을 사용할 때는 그냥 사용하는 것이 아니라 저금통장에 미리 돈을 저금해 놓아야 하며, 카드를 사용하면 통장에 있던 돈이 사용한 만큼 자동으로 없어진다고요. 그래서 카드를 쓸 때는 통장에 돈이 얼마가 있는지 잘 알고 써야 한다고 말해 주었습니다.

누구나 자기 마음대로 사용할 수 있는 카드 한 장쯤은 갖고 싶겠지요. 이 일을 계기로 엄마는 아이에게 경제교육을 시작하게 됩니다. 우선 가까운 은행으로 가서 아이 이름의 통장을 하나 개설해서 손에 쥐어 줍니다. 그 통장을 받은 아이의 얼굴은 약간 흥분된 상태가 됩니다. 통장에 대한 기대로 얼굴빛이 밝아집니다. 부모가 그 시기를 놓치지 않고 연결시켰기 때문에 아이는 흥분한 가운데 경제 속으로 첫발을 내딛게 되는 것입니다.

모든 교육에는 기본으로 미리 익숙하게 해 놓아야 도움이 되는 작업들이 있습니다. 우리가 아이들을 가르칠 때도 마찬가지입니다. 아무것도 하지 않다가 어느 날 갑자기 아이를 앉혀 놓고 경제교육을 하자고 하는 것은 그 효과가 떨어질 수밖에 없다는 이야기입니다. 자율성도 없고 욕구도 없습니다. 주입식 교육이라고밖에 말할 수 없는 것입니다. 그렇게 시작하는 일들은 대부분 얼마 가지 않아 시들해지기 마련입니다.

앞의 사례에 나오는 부모는 아이에게 경제를 교육하기 위하여 걸음마를 시작할 때부터 시장이나 마트 등 물건을 사러 가는 장소에 아이를 데리고 다녔습니다. 그리고 놀이를 통하여 물건을 사고 파는 경험도 했습니다.

아마도 부모는 백화점이나 마트에서 아이가 자기 물건을 고르면 돈을 주면서 혼자 계산하게 하는 경험도 시켜주었을 것입니다. 아이의 경제교육에 대한 욕구가 무르익을 때 그 반응은 놀랍습니다. 이것이 가장 쉽게 경제교육을 하는 방법이지요.

이때부터 아이에게 생기는 돈을 부모가 자신의 주머니에 넣으면 안 됩니다. 아이의 지갑이나 주머니를 하나 마련해 줘야 합니다.

손님이 집에 왔을 때 주는 용돈을 모으게 하고, 세뱃돈도 부모가 손을 대면 안 됩니다. 또한 부모가 은행에 갈 때 아이도 자연스럽게 고객의 한 사람으로 행동할 기회를 마련해 주는 것도 좋습니다. 돈을 저금하는 것도, 돈을 찾고 싶을 때 찾는 것도 자유롭게 하도록 하는 것이 좋습니다.

아이가 유치원에 가면 부모는 아이에게 집안일을 정해 줄 수 있습니다. 용돈을 벌 수 있도록 하는 것이지요. 그러나 이때 부모가 실수하기 쉬운 것이 있습니다. 아이가 기본적으로 해야 할 일들에 대해서 용돈을 주며 시키는 것입니다. 하지만 자기가 자신을 위해하는 일은 경제교육의 대상이 될 수 없습니다. 자기가 본 책을 정리한다든가, 자기 방을 정리한다든가 하는 것 말입니다. 그보다는 마당 쓸기, 특별한 심부름 하기, 쓰레기 분리수거하기 등 가족이 의논해서 용돈을 벌 수 있는 소소한 일거리 한두 가지 정도를 만들어 줄 수 있습니다. 이 점은 염두에 두어야 합니다.

그리고 아이가 유치원에 다니기 시작하면 사회생활을 시작한 것이기 때문에 이 아이는 고정적인 용돈이 필요합니다. 자기 통장에서 인출하여 쓰는 것 말고, 부모님이 용돈을 주셔야 합니다.

"애야, 이제 네가 유치원에 갔으니 필요한 준비물도 사고 친구들과 군것질을 할 때도 있을 테니까 용돈이 필요할 거야."라고 하며 얼마를 줄 것인지, 그 용돈으로 무엇을 할 것인지, 돈을 아무렇게나 사용해서 필요한 물건을 살 수 없게 되었을 때는 어떻게 할 것인지 등에 대해 이야기를 나누고 약속을 합니다.

아이는 아직 계산을 제대로 할 수 없고 돈의 사용 용도를 세부적으로 계획할 수 없습니다. 단지 용돈은 자신이 관리하는 것이고, 스스로 일을 해서 돈을 벌었으며, 그 돈으로 자신이 사고 싶은 것을 살 수 있다는 즐거움에 빠져 있습니다. 그것으로 족한 것입니다. 너무 욕심을 내지 마시기 바랍니다.

아이가 은행을 출입하며 다른 사람들이 돈을 세고 있는 모습을 보는 것, 다른 사람들이 은행에서 여러 가지 업무를 보는 과정을 직접 바라보는 것이 교육인 것입니다.

한 부모님은 일주일에 천 원을 주기로 했습니다. 아이는 빨리 용돈을 받는 내일이 오기를 꿈속에서도 기다리지요. 학교 수업을 마치고 집으로 돌아온 아이는 어제 부모님과 약속한 것은 다 잊고 천 원으로 자기가 사고 싶은 것을 한 번에 다 사 버렸습니다.

다음 날 준비물이 없어 다행입니다. 그러나 며칠 안 가서 아이는 돈을 다 써 버렸기 때문에 준비물을 살 수 없는 상황과 맞닥뜨리게 됩니다. 이때 부모님은 아이와 약속했던 것을 잘 지켜야 합니다. 대충 넘어가면 좋은 기회를 놓치게 되는 것이지요.

학교에서 보내 주는 주간계획표를 보면 아이가 일주일 동안 무엇을 사야 하는지 알 수 있습니다. 처음에는 부모가 아이와 함께 주간계획표를 보며 먼저 챙길 수 있도록 도와주면 아이의 실수를 좀 줄일 수 있을 것입니다.

액수가 큰 것은 물론 부모가 사 주어야 합니다. 아이에게 너무 돈 걱정을 하게 하는 것은 곤란합니다.

어떤 아이는 어른보다 더 구두쇠 노릇을 합니다. 한 번 제 주머니에 들어온 돈은 절대로 쓰지 않는 것입니다.

프로이트에 따르면, 이런 현상은 유아기 때 배변훈련을 잘못하여 발달이 실패한 데서 기인한다고 주장합니다. 그래서 한 번 보유한 것을 절대로 다시 내보내지 않으려 한다는 설명입니다. 이런 아이는 성인이 되면 '자린고비'나 '스크루지' 처럼 되는 것입니다.

자신에게도 돈을 쓸 줄 모르기 때문에 가족에게도 똑같이 하는 것이지요.

 동네에 가깝게 지내는 아저씨가 있었습니다. 일명 '구두쇠'였습니다. 봄, 가을, 겨울에 입는 양복 한 벌과 여름 양복 한 벌로 평생을 살아온 것처럼 보입니다. 다른 옷을 입고 있는 것을 본 적이 없습니다. 아마도 그 양복은 예식이나 귀한 손님을 만날 때만 입지 않았나 생각합니다.

집에서는 늘 70년대 '새마을운동' 때 나눠 줬던 파란색 면 트레이닝복을 입고 있었습니다. 지금처럼 옷감의 재질이 좋지 않아서인지 바지는 무릎과 엉덩이 부분이 늘어나 툭 튀어나와서 옆모습을 보면 웃음이 저절로 났습니다. 언제 빨아 입는지 늘 그 옷을 입고 있었습니다.

그런데 나중에 알고 보니 그 아저씨는 엄청난 갑부였습니다. 서울에 건물도 몇 채를 가지고 있었고, 여기저기에 큰 땅을 여러 개 가지고 있었습니다.

먹는 것도 김치에 김칫국이면 그만이었고, 그것마저도 항상 빈약했던 것을 기억합니다. 어린 자식들은 먹고 싶은 것, 입고 싶은 것 그리고 하고 싶은 것도 많았을 것입니다. 아저씨 부부가 싸우는 것은 대부분 아버지 몰래 어머니가 아이들에게 무엇인가 해 주었다 들킬 때입니다.

한편, 아저씨 집에 월세로 사는 어린 딸을 둔 젊은 부부 한 가족이 있었습니다. 남편은 규모가 작은 회사를 다니는 사람이었는데 부인과 딸을 데리고 가끔 영화 구경도 가고, 칼국수도 먹으러 가고, 삼겹살 파티도 한 달에 몇 번은 하는 것 같았습니다.

많지 않은 옷이어도 항상 깔끔하게 조화를 이루게 입었습니다. 꽤

멋을 낼 줄 아는 사람이었지요. 항상 웃고 있었고, 밝은 모습에 에너지가 넘쳤으므로 늘 행복해 보였습니다.

적은 월급이지만 계획을 세우고 가능한 최소한의 경비로 문화생활도 즐기며 취미생활도 즐기는 젊은 남자와 구두쇠 아저씨의 삶을 비교해 보면 많은 차이를 느낍니다.

경제교육은 돈에 관한 개념을 무조건 아끼는 것이 아니라 짜임새 있게 사용하는 것을 가르치려는 것입니다.

초등학교 3학년 정도가 되면 돈을 기분에 따라 무계획적으로 사용하다가 어려운 일들을 경험할 수 있습니다. 따라서 그때 즈음에 서서히 용돈기입장을 적어 보게 하는 것도 권장할 만합니다.

학교에서 선생님이 과제로 내주는 경우도 있습니다. 선생님이 내주는 과제는 아이가 그 학년에서 꼭 습득해야 하는 중요한 과제들이라 생각하고 잘할 수 있도록 지켜보며 지지해 주어야 합니다.

돈을 아끼는 것은 경제교육이라 할 수 없습니다. 말이 거창하지만, 아이에게 맞는 경제란 돈을 번다는 것보다는 가지고 있는 돈을 어떻게 쓰느냐에 관한 것입니다.

초등학교 4학년이 되면 아이들은 과거, 현재, 미래를 자유롭게 넘나들며 확장된 사고를 하기 시작합니다. 유추하는 능력이 생기는 것입니다. 따라서 이때부터 초등학교 3학년까지는 주 단위로 주었던 용돈을 월 단위로 줄 수 있습니다.

처음에는 부모님의 관심이 많이 필요하지만, 차츰 자기 용돈 안에서 계획된 경제생활을 할 수 있는 능력을 갖게 됩니다. 아이는 가까운 미래를 짐작하여 작은 계획들을 수행할 수 있게 됩니다.

이 시기에 아이에게 저축된 돈이 있다면 주식이나 채권을 매입하게 하여 6개월 혹은 1년 뒤에 이익이나 손해를 경험해 보도록 도와주는 것도 유익합니다.

## 용돈 잘 쓰기

처음 유치원에 들어갔을 때부터 매주 천 원씩 용돈을 주기 시작한 지 10년이 넘었습니다. 매주 월요일 아침이 되면 생기가 돌고 활력이 넘치는 이유는 용돈을 받기 때문이지요.

용돈의 용도는 유치원의 준비물을 사고 나머지는 마음대로 쓰는 것이었습니다. 부모님이 용돈을 잘못 사용하고 있다고 판단하면 용돈을 주는 것을 중지하고 예전대로 일일이 엄마에게 타서 쓰도록 했습니다.

처음에는 다소 약속이 지켜지지 않았지만, 아이는 조금씩 조절을 하는 것 같았고 그때마다 칭찬과 지지를 해 주었습니다.

초등학교 1학년이 되어서는 일주일에 이천 원, 그리고 매년 한 학년이 올라갈 때마다 천 원씩 올려 주었습니다. 물론 용돈의 액수에 따라 천 원 이상의 물건은 엄마가 사 주기로 했습니다. 용돈이 오천 원 이상 되었을 때부터는 삼천 원 이상의 물건은 부모가 사 주기로 하면서 조율을 했습니다.

이런 과정을 겪은 아이들은 세뱃돈이나 가끔 어른들이 주시는 용돈을 통장에 넣고 관리를 잘하는 것을 볼 수 있습니다. 때때로 몇천 원씩 돈을 빌려 주기도 하고 빌려 쓰기도 하면서 용돈을 잘 사용할 수 있게 되고, 돈의 참 가치와 소중함을 알게 되는 것 같습니다.

중학교 때부터 휴대전화를 사용하게 될 때 기본 사용요금을 용돈에 추가해서 주면, 아이는 자기 통장에 자동이체를 신청하여 제법 살림을 잘해 나가는 것을 볼 수 있습니다.

어린이경제신문이나 경제동화, 또는 경제만화책을 이용하여 다양하게 관심을 유발시킬 수 있습니다.

베짱이는 개미와 더불어 경제를 활성화시키고 행복하게 살지만, 자린고비는 경제침체 악순환의 주범이 됩니다.

# *Cane*

## 달초

# 달초

## 꼭 때려야 하나?

두 살, 네 살 아이를 키우는 집에 방문한 적이 있습니다. 안방으로 안내받아 들어갔더니 낮은 화장대에 어머니가 쓰는 화장품과 온갖 작고 예쁜 물건들이 놓여 있었습니다. 아이를 키우는 집 같지 않고 어른 둘이 사는 집처럼 느껴졌습니다.

"방이 참 정리정돈이 잘 되어 있고 깨끗하네요."라고 말하자,

"일부러 치우지 않아요. 물건을 그대로 놓고 엄마와 아빠 물건을 함부로 못 만지게 하는 거예요. 그래야 다른 집에 가서도 함부로 물건을 만지지 않을 거 아녜요?"라는 답이 돌아옵니다.

이 시기의 아이들은 자기 방에서 놀지 않습니다. 부모가 있는 곳이 놀이장소가 되는 것이지요. 두 살, 네 살 아이를 어른 대하듯 하고 있는 이 엄마를 보는 순간 망치로 머리를 얻어맞은 기분이었습니다.

이런 환경만 보아도 이 아이들이 후에 어떤 모습으로 자라게 될지 눈에 아른거려 참 안타까웠습니다.

나중에 이 아이들은 부적응을 겪게 되고, 필요하지 않은 방어기제들을 사용하게 될 것입니다. 그리고 어머니는 "나는 아이들을 정말 사랑했고, 잘 가르치기 위해서 최선을 다했어요."라고 말할 것입니다.

세 살 미만의 아이들은 부모의 설명을 충분히 이해할 수 없습니다. 아이는 단지 자기가 맞고 있으며, 그것이 자신의 잘못과 관련되어 있다는 것만 압니다. 자신의 행동과 자기 자신을 분리하기에 아직 미성숙한 것입니다. 그래서 아무리 부모가

"그것은 해서는 안 되는 나쁜 행동이야."라고 말해 주어도 아이 스스로 '나는 나쁘다.' 라고 생각하는 것입니다. 이때 아이는 극히 주관적인 사고를 가지고 있습니다.

처음 자아를 형성하는 단계에서 아이는 자신이 부모를 어떻게 인식하는지에서부터 발달하기 시작합니다. 부모는 아이가 스스로 사랑받을 만한 존재라고 느끼게 해야 하며, 자신에 대해 '긍정적인' 느낌을 가질 수 있도록 도와주어야 합니다. 그래야 아이는 건강한 발달을 할 수 있습니다.

유아기 때 아이들이 하는 실수는 대부분 발달의 미성숙으로부터 오는 것이기 때문에 체벌이 필요하지 않습니다. 미성숙하기 때문에 하는 실수는 반복되는 실수일지라도 부모가 그것에 대해 화를 내거나 소리를 지르면 안 됩니다.

신입사원이 처음에 일을 잘해 보려고 하다가 실수를 저질렀다면 그것은 일이 서투르기 때문이므로 벌을 주지 않는 것도 이와 유사한 것입니다.

이처럼 당연한 일임에도 불구하고 유아를 부모 자신과 똑같은 수준으로 생각하며 호되게 꾸짖으면서 버릇을 교육시키려는 실수를 범해서는 안 되는 것입니다.

두세 살짜리 아이가 물을 마시다 잘못해서 컵을 깨뜨렸습니다. 이때 아이에게 매를 들거나 화를 내거나 고함을 지르면 아이는 자기 자신이 '나쁜 아이'라는 느낌을 갖습니다.

이 시기의 아이 정서는 기본적인 순수한 감정에서 아직 더 발달하지 못한 상태이기 때문에 상황의 옳고 그름을 도저히 판단할 수가 없기 때문입니다. 즉, 아이는 부모가 홧김에 자기를 때렸다는 생각을 해 내지 못하는 것입니다. 단지 '부모님이 나를 때리는 것은 내가 나쁜 아이이기 때문이야.'라는 명제를 만들 뿐입니다.

물론 부모 입장에서는 '세 살 버릇이 여든까지 간다.'는 말이 갑자기 생각나면서 아이가 버릇없이 자라지 않고 좋은 습관을 길들이기 위해 뜨거운 사랑으로 교육한다는 생각으로 회초리를 듭니다. 하지만 그것은 아이의 발달단계를 모르는 무지한 사랑이며, 스스로를 합리화하는 것밖에 되지 않습니다.

이와 같은 상황이 몇 번 되풀이되어 계속 지적당하고 체벌을 받으면 아이는 '나는 나쁜 아이이기 때문에 맞아도 싸다.'라는 결론을 내립니다.

8장 달초

아무리 체벌 후에 부모가 애정 어린 포옹을 하면서 위로를 한다 해도 아이의 죄책감과 상처를 지울 수는 없습니다.

아이에게 체벌을 가할 때 건강한 아이라면 부모의 품으로 달려들며 껴안으려 합니다. '만일 내가 엄마를 껴안으면 엄마는 매를 멈출 거야.'라고 생각하기 때문입니다.

그러나 체벌이 계속되면 아이는 스스로 '나는 약하고 무기력해.'라는 메시지를 전달받습니다. 권위적이고 강압적인 부모를 둔 아이는 순응하는 것만이 살아갈 수 있는 방법이라고 생각하고, 착한 아이로, 말 잘 듣는 아이로 성장하게 되는 것이지요.

그 결과 아이는 나약한 존재로서 명랑함을 잃어버리고 놀이친구에 관심도 없어지며, 혼자 구석에서 놀고 어머니의 눈치를 보기 시작합니다. 특히 신체적 체벌은 두 사람의 관계를 멀어지게 할 뿐입니다.

부모들은 별 생각 없이 아이의 손바닥을 잘 때립니다. 하지만 마리아 몬테소리는 아이들의 손이 세상을 탐색하는 도구로서 자연스러운 호기심을 확장해 나가는 데 꼭 필요한 것이라고 주장하며, 손바닥을 때리는 것은 매우 강한 부정성을 전달한다고 생각했습니다.

0~2세의 아이들에게 손이란 발달과정에 매우 중요한 요소라고 생각한다면 부모들은 아이의 손바닥을 살짝 때리는 것도 삼가야 할 것 같습니다. 오히려 아이의 손이 미치지 못하는 곳으로 물건들을 치워 주는 것이 우선이겠지요.

달초 또는 초달이라는 말은 회초리를 뜻합니다. 회초리는 체벌과 같은 것으로, 그것은 신체적 체벌과 정서적 체벌로 나눌 수 있습니다. 체벌은 폭력의 일부이며, 모든 인간을 대상으로 그 어떤 이유로도 폭력을 행사하면 안 됩니다. 모든 인간은 그 존재 자체로 존중받아야 하며, 어떠한 경우, 어떠한 상황에서든지 존중받을 권리가 있기 때문입니다.

체벌은 폭력을 통해 강한 자에게 약한 자가 압박당하는 것으로, 아이들은 체벌을 받을 때 굴욕감을 느낍니다. 따라서 합리적인 생각을 할 수 없는 단계에 있는 아이는 부당하다는 느낌을 지속적으로 갖게 되며, 위축되거나 반항하는 아이가 되는 것이지요.

아이가 실수를 할 때 부모가 고함을 치고, 분노를 표출하고 체벌을 가하는 것은 자존감 없는 아이를 만든다는 것을 기억해야 할 것입니다.

 학교에서 돌아온 아이의 손에 못 보던 낯선 물건이 있습니다. 요즘 방영하는 만화영화에 나오는 로봇이었습니다. 어머니는 물어봅니다.

"얘야, 그거 어디서 났니?"

"친구 거예요. 친구가 빌려 줬어요."

얼굴색 하나 변하지 않고 천진난만한 목소리로 얘기하는 아이를 어머니는 믿었고 그냥 지나갔습니다. 그러나 어머니는 아이가 그 로봇을 오늘도, 내일도, 또 그다음 날에도 마치 제 것인 양 가지고 노는 것을 보았습니다. 어머니는 또 묻습니다.

"얘야, 그 로봇 아직 안 돌려줬니? 꽤 비싸 보이는데 누구 거야?"

"내 짝꿍 거예요. 자긴 다른 로봇 있으니까 나 가지래요."

"그래? 그 친구를 엄마가 내일 한 번 만나 보고 고맙다고 해야겠구나."

학교로 간 아이는 자기 짝꿍에게 과자를 사 주며 부탁합니다.

"오늘 우리 엄마가 이 로봇 네가 준 거냐고 물으면 그렇다고 해 줘."

어머니는 한참이 지난 후에야 아이가 자신을 계획적으로 속인 사실을 알게 됩니다. 학교 앞 문구점에서 물건을 훔쳤다는 사실도 막막하지만 의도적으로 계산된 속임수에 더욱 기가 막힙니다. 어떻게 이 상황에 대처해야 할까요?

아이를 키우는 엄마에게 지혜가 필요한 순간입니다. 그냥 지나갈 수 없는 일임에는 틀림없지만, 말로 해야 할지 회초리를 들어야 할지 알 수 없습니다. 중요한 것은 결과 못지않게 그 과정도 중요하다는 것입니다.

이 사례에서 아이는 부모와의 관계에서 그 신뢰성을 이미 포기했습니다. 따라서 그 이유를 들어 보고 타당한가를 고민해 봐야 하겠지요. 대부분의 아이가 처음에는 너무 갖고 싶어서였다고 말할 것입니다.

그러나 여기에서 중요한 것은 의도적으로 계획한 잘못을 다루어야 한다는 사실에 초점을 맞춰야 합니다. 그것을 해결하는 과정은

그래? 그렇구나!

아이에 따라, 또 형편에 따라 다양하게 전개될 것입니다. 두 번 다시 그런 일을 반복하지 않도록 하는 것에 대해 고민해야 합니다.

회초리를 사용하는 많은 사람이 '매'의 효과에 긍정적 기대를 가지고 있습니다. 이 글을 쓰면서 제 아이에게도 의견을 물어보았습니다. 아이의 대답은 부정적이지 않았습니다. 아이는 회초리의 매서움을 지금도 기억하고 있다고 했습니다. 그러나 매를 맞은 일이 억울하다거나, 존재가 무시되었다거나, 상처가 되었다거나, 매 맞은 이유로 자신이 무기력했던 기억은 없었다는 것입니다. 충분히 회초리에 대한 이해가 있었고, 자신의 잘못을 다시 반복하지 않도록 하기 위해 그때는 회초리가 필요했다고 말합니다.

회초리를 사용하는 것이 아이를 억울하게 한다면 사용하지 않아야 합니다. 그것이 아이를 무기력하게 만들어서도 안 되며, 자신의 잘못을 반성하기보다는 무시당하는 기분을 느끼게 해서도 안 됩니다. 그것이 아이의 마음에 상처가 된다면 그 회초리는 실패한 것뿐만 아니라 아이의 인생에 커다란 부정성으로 자리 잡게 되는 것이 사실입니다. 그러므로 회초리 역시 아이의 발달단계에 맞추어 사용해야 하며, 아이의 특성을 고려하여 사용해야 하는 것입니다.

그렇다면 도대체 회초리는 얼마나 사용해야 그 효과를 발휘하는 것일까요? 회초리로 아이를 많이 때린다고 효과가 큰 것도 아니고 적게 때린다고 효과가 없는 것도 아닙니다.

집 안에 회초리를 두지 않아야 한다는 것은 제가 어디에 가서나 강조하는 말입니다. 아이들이 집 안에 회초리가 있다는 생각을 하는 그 자체가 일종의 폭력이 되기 때문입니다. 이 사실은 아이의 감성 형성에 많은 영향을 미칩니다. 아무리 '사랑의 매'라는 글귀가 보여도 아이는 회초리를 볼 때마다 무기력해지고 불안할 것입니다. 소위 말해 '알아서 기는' 아이가 되는 것입니다. 눈치꾼으로 순응하는 아이를 키우는 방법이라 말할 수 있습니다.

몇 대를 맞을 것인지 아이에게 결정하라고 하는 어머니들이 있습니다. 회초리를 사용하는 순간에 어머니는 잘못한 일에 대해 징계를 행사하는 법관이 되고, 아이는 잘못을 저지른 죄인이 됩니다. 그런데 자신이 몇 대를 맞을 것인지 아이에게 결정하게 하는 것은 법관이 법 조항에 따라 판결을 내리지 못하고 죄를 지은 죄인에게,

"너 몇 년 살래?" 하고 묻는 것과 다를 게 없습니다.

"너 몇 대 맞을래?" 하고 묻는 순간 어머니는 모든 권위를 상실했다고 보면 됩니다.

"어디 맞을까?"라고 말하는 것도 마찬가지입니다.

가장 낮고 부드러운 어조로 잘못에 대해 이야기하고 억울함이 있는지 물어본 후 회초리를 사용하되, 세 대를 넘기지 말기를 권합니다.

겨우 한두 대로 아이에게 자신의 잘못을 반성하도록 하는 힘이 있는지 의문을 품을 수 있습니다. 그러나 제가 여기서 하고자 하는 말은 한 대를 때려도 그 효력이 나게 때려야 한다는 것입니다.

부모가 아이에게 회초리를 사용한 후에 다음 날이 되었을 때, 부모의 팔과 어깨가 아플 만큼 회초리를 사용해야 합니다. 그러면 어느 곳에 회초리를 사용해야 하는지도 생각할 수 있겠지요. 부모가 온 힘을 다해 손바닥을 때린다면 곤란할 것 같습니다. 아이의 손가락이 부러질 염려가 있으니까요. 그렇다면 종아리가 좋은데 여름에는 보일 수 있으니까 그 점도 생각해야 하겠지요.

하지만 유아기에는 부모와의 애착과 긍정적 감성 전달을 위해서 회초리를 사용하지 않기를 바랍니다.

아이가 어릴 때 그 발달단계에 맞춰서 단호하게 안 된다고 말해야 할 것을 하지 못한 것은 부모의 잘못입니다. 아직은 너무 어리니 좀 크면 고쳐 주지 하는 생각으로 있다가 시간이 지나간 후에 습관화된 잘못을 고치려 한다면 많은 노력과 고통이 따른다는 사실을 상기하시기 바랍니다.

다음은 매를 들어서는 안 되는 부모와 맞으면 안 되는 아이에 대한 것입니다(배웅준 역, 2002). 열거한 사항 중 부모나 아이가 하나라도 관계가 있다면 체벌하는 것을 다시 생각해 봐야만 합니다.

〈매를 들어서는 안 되는 부모〉
1. 어렸을 때 학대받은 적이 있는 부모
2. 쉽게 자제력을 잃어버리는 부모
3. 별 성과 없이 매를 많이 드는 부모
4. 매를 세게 때리는 부모

5. 매가 효과가 없다는 것을 알고 있는 부모
6. 자신을 화나게 하는 다른 상황에 놓인 부모(재정적 어려움, 양육의 어려움, 실직 등)

〈맞으면 안 되는 아이〉
1. 까다로운 아이나 고집 센 아이
2. 지나칠 정도로 예민한 아이
3. 매를 든 사람과 소원한 관계에 있는 아이

## 유태인의 달초

유태인의 교육은 앞선 글의 논지와 조금 다릅니다. 그들은 회초리를 사용해야 한다고 말합니다.

유태인들의 『토라(구약성경)』의 기록에 따르면 회초리를 사용하지 않은 부모는 늙어서 그 자식에게 천대를 받을 것이라 말합니다. 즉, 마땅히 자식은 부모를 존경해야 하며, 그 훈계에 머리를 숙여야 하는데 초달을 싫어하는 부모의 자식은 그 부모를 멸시하게 된다고 합니다.

『토라』나 『탈무드』의 많은 부분에서 자식에 대한 징계와 훈계, 초달의 주제들이 나옵니다. 이러한 주제들을 통해 말로 타일러 깨닫게 하는 정도의 훈계, 엄한 벌로 돌이키게 하는 징계, 잘못을 뿌리째 뽑아 버리기 위한 달초의 의도를 읽을 수 있습니다.

초등학교 2학년 즈음의 어느 날 우연히 학교에서 돌아오는 길에 아버지를 보았습니다. 처음 보는 사람이라 누구인지 알 수 없었지만, 아버지는 그 사람에게 아주 호되게 꾸지람을 받고 있었습니다. 무엇을 어떻게 잘못했는지 알 수는 없었지만, 아버지는 치사하리만큼 머리를 조아리고 어쩔 줄 몰라 하며 당하고 있었습니다.

그 장면을 목격한 순간, 저는 숨이 크게 쉬어지지 않았고, 갑자기 앞이 보이지 않았던 것을 기억합니다. 가슴이 무너져 내리는 것 같았습니다. 그날 아버지의 발가벗은 모습을 본 것 같았습니다.

며칠 동안을 아버지 얼굴을 똑바로 쳐다보지 못했던 기억이 납니다. 아버지가 치사하고 창피하게 느껴졌습니다. 최고였던 아버지가 사람들이 북적거리는 길 한복판에서 선생님 앞에서 어린아이가 혼나듯 야단을 맞고 있었던 것입니다.

부끄럽지만 그 일로 아버지를 향한 저의 존경심에 상처가 났습니다. 아버지만 보면 화가 나고 속이 상했습니다.

그런데 제가 부모가 된 후 어느 날 자식에게 회초리를 드는 순간 그때의 아버지 생각이 났습니다. 자식을 향한 아버지의 마음이 느껴졌습니다. 하지만 이미 돌아가시고 계시지 않아 그 안타까움은 이루 말할 수가 없었습니다.

이 세상 모든 아버지는 최고의 존경의 대상입니다. 성품이 대쪽 같은 아버지가, '법 없이도 산다.'는 말을 듣는 아버지가, 그날 그

8장 달초

수모를 당하며 견디셨던 것은 모두 처자식 때문이었을 것입니다. 성질대로 하면 그 사람과 같이 팔을 걷어붙이고 속 시원하게 한 판 붙은 후 털어 버리면 그만인 것을 그렇게 하지 못하신 것입니다.

치열한 경쟁사회에서 살아남는 것이 얼마나 힘들고 고통스러운 것인지 경험해 보지 않은 사람은 알 수 없습니다.

아버지를 존경해야 하는 이유는 여러 가지가 필요하지 않습니다. 단지 자신을 이 세상에 태어나게 해 주셨다는 것만으로도 우리는 아버지를 존경해야 합니다. 자신의 존재가치를 짓밟히면서도 자식을 키우려 참아 내셨기 때문에 존경해야만 하는 것입니다. 아버지는 그날 당신 자신의 존재를 무시당했습니다. 자아를 짓밟히는 것은 죽는 것과 같습니다. 그럼에도 버티셨던 것입니다. 그러면서도 집으로 돌아와서는 아무 일 없었다는 듯이 웃으시는 얼굴을 저는 차마 바라볼 수가 없었습니다.

부모의 권위는 대단히 중요합니다. 권위가 없는 부모는 존경을 받을 수 없고 부모를 존경하지 않는 아이는 정상적으로 성장할 수 없기 때문입니다.

유태인 역시 부모의 권위를 중요하게 생각하는 것 같습니다. 아이가 자유로이 생각할 수 있게 하되 그 테두리는 엄격합니다. 지켜야 할 것을 지키지 않았을 때는 반드시 징계가 따릅니다.

유태인들은 세상에 태어나는 모든 인간은 원죄와 상관없는 자가 없다고 주장합니다. 그래서 아직 자아가 형성되지 않은 어린 신생아가 그 어머니를 공격한다고 봅니다. 아기가 치아가 돋아나 어느

그래? 그렇구나!
218

정도 자라면 젖을 깨물게 되는데, 거기에 공격성이 있다고 보는 것입니다. 따라서 그들은 합리적인 징계가 아이들의 책임감을 형성하고 자기통제능력을 발전시킨다고 생각합니다.

현실에는 행동 한계선이 있고, 그것은 인간관계에서 일관되게 지켜져야 합니다. 도전과 반항을 의도적으로 하는 아이에게는 심판자적인 입장에서 보상과 처벌을 적절히 사용해야 한다는 것입니다.

유태인의 징계는 사랑이 99%이고, 벌은 1%에 불과합니다. 징계라고 하면 강압적이고 두려울 것 같은 생각을 하지만, 그들의 삶에는 99%의 사랑이 기본으로 깔려 있습니다. 그들 역사의 핵심인 『토라』와 『탈무드』가 그 옛날 선조들이 하나님으로부터 받은 출애굽의 교훈에서 교육방법을 전수받았다고 보기 때문입니다. 그들의 조상인 이스라엘 백성들에게 하나님은 십계명과 지켜야 할 많은 법을 주셨는데, 어떤 법은 지키지 않을 경우 하늘에서 즉시 불을 내려서 징벌해 버린다는 이야기가 있습니다. 결정적인 하나의 사건으로 후대에 길이 남을 표징으로 삼는 것을 알 수 있습니다. 한 가지 잘못된 습관이 또 다른 잘못과 연결되는 고리 역할을 하지 못하도록 막는 것과 같은 원리라 생각합니다.

또한 그들은 공동체 운명을 중요시하여 가족의 범위를 사돈의 팔촌까지 인정합니다. 이런 그들의 환경이 달초교육을 배제할 수 없게 만드는 이유가 되기도 하는 것입니다.

## 우리 조상의 달초

옛날 우리 조상들은 달초교육을 엄격히 했습니다. 그들은 아이의 기본생활과 마음가짐, 인간관계에서의 예의를 중시했습니다.

회초리의 사용은 임금이 사는 궁중에서부터 서민들의 초막에까지 전통적으로 내려오는 교육 방법이었습니다. 어린 아이부터 성인에 이르기까지 잘못에 대한 징계로서 달초를 받았습니다. 일흔 넘은 노인이 마흔 먹은 자식을 달초함으로써 손자와 같이 주거하는 한 울타리에서 본보기로 교훈을 주었습니다.

물론 여기에는 부정적 이론이 따를 수 있습니다. 그러나 우리 조상들은 그 부정성의 고통으로 보다 나은 긍정성을 생산해 내는 것을 목표로 삼았던 것 같습니다. 그들은 회초리를 사용하는 데 원칙이 있었던 것을 살펴볼 수 있습니다. 옛날 우리 어머니들은 회초리를 보이는 곳에 두지 않았습니다. 강보와 같은 흰 천에 회초리를 가지런히 놓고 쌓아 비단 보자기로 또 한 번 옷을 입혔습니다. 그리고는 장롱 서랍을 빼낸 맨 밑바닥에 회초리를 고이 간직했습니다. 회초리를 꺼내는 일이 없었으면 좋겠다는 바람이 숨겨져 있는 것입니다. 비단 보자기에 회초리를 싼다는 것은 회초리의 본래 의미이기도 합니다. 즉, 아이를 바로잡고자 하는 사랑의 마음이 회초리와 함께 장롱 밑바닥에 감추어져 있는 것입니다.

아이가 큰 잘못을 했을 때 어머니는 아이를 무릎 꿇리고 회초리를 가지러 안방으로 건너갑니다. 가면서 생각합니다. 이 아이에게

'얼마나 달초'를 댈 것인지, '무슨 말'을 해 줘야 할지를 고민하는 것입니다. 안방으로 들어가 머리와 허리를 구부리며 앉습니다. 장롱 서랍을 길게 빼내어 바닥에 놓고 장롱 속 밑바닥에 깊이 놓여 있는 비단 보자기를 꺼냅니다. 그러면서 또 한번 생각합니다. 이 아이를 '몇 대 때릴 것인지' '달초 후에 무슨 말을 해 주어야 하는지'를 다시 한 번 깊이 생각합니다. 서랍을 장롱에 넣으면서도 '무엇이 이 아이의 문제인지'를 또다시 생각합니다. 어머니는 비단 보자기에 싸인 회초리를 아이가 있는 곳으로 가져오면서 징벌에 대한 마지막 결정을 내리고 아이를 징벌하는 것입니다.

지금 우리 주위에 회초리를 이렇게 사용하는 교육자가 얼마나 있을지 한 번 생각해 봐야 할 것입니다.

간혹 학교를 방문하면 도톰한 회초리에 '사랑의 매'라고 쓰인 글귀를 보게 됩니다. 선생님들은 수업이 시작할 때부터 끝나는 시간까지 회초리를 손에서 놓지 않고 들고 다닙니다. 많은 학생에게 '알아서 기어라.'라는 메시지를 전달하려는 것입니다. 이것은 폭력입니다. 굉장한 부정성이지요.

우리 조상들은 회초리를 결코 가벼이 사용하지 않았다는 것을 기억하시면 좋겠습니다. 짧은 시간이지만, 몇 번을 반복하여 고민하고 아이를 대하는 데는 이유가 있습니다. 부모 자신의 감정을 정리하는 것이지요. 다시 말해, 그 사건에 대한 부모 자신의 감정을 징계 속에서 배제하기 위함이었다고 생각합니다.

감정이 섞인 회초리는 폭력이 됩니다. 분노 상태에서 회초리는 무기가 되는 것입니다. 회초리에 분풀이를 가중시켜 아이에게 큰 심리적 외상을 남길 수도 있습니다. 그렇게 되면 애초에 아이의 잘못된 작은 습관을 고치려 했던 것이 아이의 인성에까지 부정적 상처를 남길 뿐만 아니라 회초리를 사용한 사람과의 관계도 소원해지게 만들고 마는 것입니다.

사람들은 회초리를 사용한 후가 더 중요하다고 말합니다. 정말 중요하지요. 그러나 폭력이 된 회초리는 그 후에 제아무리 감동적인 말을 한다 할지라도 아무 소용이 없다는 것을 기억하시면 좋겠습니다. 아이는 분명 억울할 것이고, 그 마음 깊은 곳에는 자신도 모르는 사이에 '분노'가 이글거리게 될 것입니다.

아이를 길러 본 어머니로서 많은 경우, 회초리보다는 대화로써 문제를 해결할 수 있다는 것을 이야기하고 싶습니다.

어머니들은 예의에 어긋난 일들에 대해서는 그다지 많은 신경을 쓰지 않는 반면에 도덕성과 관련되어 있는 일들에는 민감함을 보이곤 합니다.

즉, 부모에게 사소하게 행하는 무례에는 그러려니 하면서 곧잘 넘기지만, 남의 물건을 훔치거나 거짓말을 하는 것은 용납하기 힘들어 합니다. 그것은 우리 모두가 교육에 대한 가치관이 다르기 때문일 수도 있습니다. 그러나 예의는 인간관계의 기본이 되는 틀로 가장 중요한 부분이라 말할 수 있습니다.

따라서 예의를 잘 배우면 도덕성에는 거의 문제가 없게 됩니다. 그러므로 우리는 가정에서부터 지켜야 하는 어른과 아이와의 예

그래? 그렇구나!

의, 형제 간의 예의를 중요하게 생각해야 합니다.

저의 경우, 아이의 잘못에 대해서 회초리를 사용해야 할 경우가 있다면, 그것은 단 두 가지였습니다.

첫째는 아이가 부모의 권위에 도전할 때입니다. 부모의 권위란 가족체계 내에서 자녀에게 어머니 혹은 아버지로서 인정받고 영향을 끼칠 수 있는 능력이나 위신을 말합니다. 이렇게 부모가 쳐 놓은 울타리는 아이를 가장 안전하게 보호하는 경계입니다. 그 테두리는 또한 아이에 대한 부모의 교육관입니다. 하지만 권위가 무너진 부모는 아이를 제어하지 못하게 됩니다. 아이는 부모의 말에 대항하게 되고 부모의 말을 무시하며 자기 충동대로 행동하게 됩니다. 따라서 그러한 버릇을 바로잡아야 합니다.

아이의 나이가 어릴수록 권위에 도전하는 버릇을 바로잡는 교육을 하는 것은 쉽습니다.

 아버지가 아들의 잘못을 훈계하고 있습니다. 아버지의 말이 조금 길어졌습니다. 간단하게 말해야 할 것을 그렇게 하지 못하고 아버지의 어린 시절 이야기부터 시작하여 구구절절 이야기합니다. 듣고 있는 아이는 자기의 잘못을 알지만, 아버지의 훈계가 여간 곤혹스럽지 않습니다.

예의가 소중하다고 교육받은 아이들은 그래도 아버지의 '잔소리'

를 끝까지 들어 줍니다. 그러나 성질이 급하고 참을성이 결여된 이 아들은 도리어 아버지에게 화를 내며,

"알아들었으니까, 그만하세요. 제발." 하면서 자기 방문을 '쾅' 닫아 버리고 들어갑니다.

아버지는 그 말을 듣는 순간 화가 치밀어 오릅니다. 순간 아버지의 머릿속에 그려지는 그림들은 자신의 모든 고생이 아들을 위한 것이었다는 생각밖에 나지 않습니다. 괘씸합니다.

"뭐, 이 버르장머리 없는 자식아. 아비가 좀 타이르는데, 지금 네가 나한테 기어오르는 거냐?"

물론 아버지의 표현이 미숙하여 자신의 감정을 제대로 표현하지 못한 부분들이 있습니다. 이때 아버지가 해야 할 말은,

"네가 잘되었으면 좋겠다."입니다.

아들은 아버지의 훈계를 거부하고 아버지의 권위에 도전하고 있습니다. 이와 같은 상황은 문제 아들이 있는 가정에서 더 쉽게 볼 수 있는 장면입니다. 이 아들은 적어도 7세 미만의 어린아이가 아닐 것입니다. 적어도 사춘기 근처에 있는 청소년일 것입니다. 부모와 아이의 부정적 골이 너무 깊어 가족 간의 화합이 쉽지 않은 상황입니다. 그러나 전문가의 도움을 받는다면 쉽게 해결할 수 있는 문제입니다.

아마도 이 사례 속 인물들의 문제는 아이가 어린 시절, 아버지가 자신의 금기사항을 지키지 못한 첫 실수를 했을 때로 돌아가야 할 것 같습니다. 아버지의 권위로 하지 말아야 할 것들과 해야 할 것

들이 주어졌을 때 아이는 아버지의 권위를 시험했을 것입니다.

아버지가 마당에서 무엇인가 만들고 있습니다. 수많은 연장이 바닥에 놓여 있어서 위험한 상황이기 때문에 아이에게 접근하지 말라는 규칙이 주어집니다.

아버지는 아이를 바로 보고 자신이 일하는 몇 시간 동안은 위험하므로 마당 주위를 통제한다는 엄격한 주의를 줍니다.

그러나 아이는 아버지의 권위를 시험해 보고 싶은 충동을 강하게 느낍니다. 엄격한 아버지의 주의를 무시했을 때 아버지가 어떻게 자신을 다룰 것인지 그 위험을 알면서도 행동하는 것입니다. 부모의 권위를 무시하고 도전장을 내미는 것입니다.

이 상황에서는 따끔한 회초리가 필요한 아이도 있을 것이고, 대화를 통해서 주의를 주면 해결되는 아이도 있을 것입니다. 그러나 분명한 것은 아이가 부모의 권위에 도전했다는 생각이 들었을 때 부모는 기회를 놓치면 안 된다는 것입니다.

그와 같은 일의 반복을 용납하지 않을 것이라는 메시지를 분명히 전달해야 합니다. 부모의 권위에 대한 아이의 시험을 단 한 번으로 끝내면 좋겠지만 많은 아이가 그렇지 않습니다. 회초리를 사용할 것인지 끝까지 대화로 해결할 것인지는 스스로 선택할 문제입니다.

둘째는 아이가 계획적으로 실수할 때입니다. 누구나 어쩌다 보면 본의 아니게 상황이나 환경에 의해 실수를 하게 되는 일이 종종 있습니다. 그러나 시작은 그렇다 할지라도 중간부터 고의로 사건을 계획하여 벌이는 경우도 있을 수 있습니다. 대부분 그것은 속임수이고 사기입니다. 의도적으로 계획하여 저지른 나쁜 일이 성공하면 아이는 반복하고 더 큰 일들을 모의하게 됩니다. 상당히 모험적이고 가슴 졸이는 일이 분명합니다. 따라서 어린아이라 할지라도 의도적으로 잘못을 저지르는 것을 용납해서는 안 될 것입니다.

# Sexuality Education

성교육

# 성교육

## 성의 개념

성의 개념은 시대에 따라 달라지고 문화에 따라 변합니다. 그래서 해석이 달라지기도 하지요.

그러나 성은 남성과 여성의 생물학적 차이를 비교하는 것이라기보다 사회적·문화적 그리고 가장 중요한 심리적 접근을 생각해 보며 복합적으로 이해해야 하는 것이라고 생각합니다.

생물학적으로는 남성과 여성이 생식기의 구조가 다르고, 성적 반응이나 발달도 다르며, 생리현상, 임신과 출산, 신체변화도 분명 다릅니다. 그래서 서로 이해하고 배려해야 하는 부분이 있는 것이지요.

사회적으로나 문화적으로는 어떤가요? 성 역시 인간관계에서 만들어지는 환경적 특성이 있으며, 성에 관한 태도 역시 문화와 사회적 가치관에 따라 다를 수 있습니다. 따라서 성에 대한 남녀의 책임, 동성애, 성희롱, 비도덕적·비윤리적 성행위의 문제는 남성과 여성의 성 개념 차이에서 오는 과제로 상당 부분 우리 사회에 내재해 있는 것입니다.

성을 인간의 심리적 발달 과정에서 이해하는 것도 중요합니다. 이것은 성적 성숙과 대단히 중요한 관계가 있습니다. 심리적 특성이 성적 행동을 유발하게 하고, 그것을 이해시키는 기본이 되기 때문입니다.

성은 종족을 보존하는 데 그 목적이 있으며, 사랑의 표현행위로 신이 인간에게 준 선물임에 틀림없습니다. 자유로운 것이고 평등한 것이지요.

비록 윤리적 제약이 따르지만 스트레스와 갈등이 다분한 인간에게 쾌락으로 공헌하고 있는 것도 사실입니다. 그리고 현재는 이것을 인간의 권리로 주장하며 성에 대한 차별을 반대하고 양성평등의 권리를 보장받는 데까지 변하여 왔습니다.

성이란 분명 권리이고, 인간에게 가치를 시사하는 부분입니다. 따라서 자유롭지만 조화로우면서도 예의가 따라야 합니다.

여기서는 성적 지식을 다루기보다 어머니들이 아이를 교육할 때 필요한 사소한 것들을 소개하려 합니다.

"아빠, 나 아빠 고추 보고 싶어요."

잠시 적막이 흘렀습니다. 분위기가 어색해질까 봐 염려스럽기도 했지요. 그런데 완전 반전입니다.

"그래? 너 어제도 봤잖아?"

대학교수인 남편 친구의 대답이었습니다.

"아니, 지금 또 보고 싶어요."

초등학교에 갓 입학한 딸아이가 천진난만한 얼굴로 말하는 것입니다.

저희 가족이 남편 친구 가족과 오랜만에 집에 모여 저녁식사를 막 끝내고 차를 마시고 있을 때 일어난 상황입니다.

어떻게 생각하시나요? 만약 여러분이 이와 같은 상황에 놓였다면 여러분은 어떤 대답을 하게 될까요?

저는 그날 이후로 그 아버지를 존경하기로 마음먹었답니다.

"선생님, 질문 하나 해도 되나요? 좀 그런 질문인데요, 누구한테 물어볼 사람이 없어서요."

한 어머니가 아주 죄송하다는 표정으로 온몸을 비비꼬며 말을 시작했습니다.

"네, 뭔데요? 어려워하지 말고 질문하세요."

"우리 아이가요, 초등학교 2학년 여자아이인데요. 성에 대한 호기심이 다른 애들보다 많은 것 같아요. 저한테 제 성기를 보여 달라고 하는 거예요."

9장 성교육

"그래서 보여 주셨나요?"
"아니, 어떻게 보여 줘요? 창피하게."
"창피하세요? 누구에게요? 뭐가 창피하세요?"

누구나 이 사례들과 유사한 경험이 한번쯤은 있었을 것이라 생각합니다. 그때 자신의 반응이 어땠는지 생각하면서 성에 대한 이야기를 함께 나눠 보겠습니다.

아이들은 엉뚱하고 이상한 질문을 잘하는 능력을 타고났습니다. 호기심 때문이지요. 그러나 대부분의 부모는 대처가 미흡하여 아이의 값진 호기심과 사고력은 무시됩니다. 정확한 답을 주는 대신 묵살해 버리고 알 수 없는 출처로 그 궁금증에 대한 답을 미루어 버립니다.

부모가 아이의 궁금증을 해결해 주지 않았을 때 그 아이는 질문에 대한 답이 해결될 때까지 미해결 과제로 붙들고 있게 됩니다.

요즘 아이들의 성 발달은 예전보다 훨씬 빨라졌습니다. 초등학교 아이들과 수업을 해 보면 알 수 있지요. 성과 관련된 발달단계를 뛰어넘는 매우 급속한 변화를 하고 있는 것이 늘 걱정스러운 부분입니다.

처음의 사례에 등장했던 아버지는 정말 멋진 사고를 가지고 있다고 생각합니다. 자기 아이의 발달단계를 잘 알고 계시기 때문입니다. 그 후 상황을 이야기하자면,

"그래, 그럼 보여 줘야지. 자, 들어가자." 하시며 욕실 문을 열

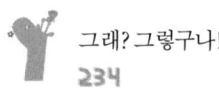

고 아이와 들어가셨습니다. 잠시 후 욕실을 나온 아이는 아무렇지도 않은 얼굴로 자기 방으로 들어가서 하던 놀이를 계속했고, 아버지는 "우리 공주님이 요즘에 공부가 한창이에요."라고 말씀하시면서 웃으며 자리에 앉았습니다. 그리고는 다시 여러 가지 이야기를 나누며 유익한 시간을 보냈습니다. 정말 멋지지 않나요? 이 아이의 성에 대한 개념, 고정관념, 가치관은 어떻게 꼴 지어질까요? 분명 긍정적인 가치관을 소유하게 될 것이라고 확신할 수 있습니다. 이 아이는 성장하여 사춘기가 되어도 성에 대한 의문이 없는 청소년으로 자라 있을 거라고 생각합니다.

의문이 없는 아이는 중독에 빠질 확률이 극히 낮습니다. 아마도 이 아이는 성에 대한 궁금증이 생길 때마다 아버지나 어머니를 통해 질 좋은 성교육을 받을 것이라 짐작하게 됩니다.

두 번째 사례의 아이는 어떻게 자랄까요? 궁금해 죽겠는데 부모에게 물어도 가르쳐 주지 않고 대충 피해 버립니다. 아이는 한동안 성에 대한 질문을 계속할 겁니다. 그럴 때마다 부모의 사고가 변하지 않는 한 대답은 같을 것입니다. 자기가 생각해서 대답해 줄 만한 것은 대답해 주지만, 대답하기 쑥스럽고 곤란한 것은, "나중에 얘기해 줄게." "크면 알게 돼."라고 얼버무리고 말 것입니다. 그러면 이 아이의 호기심은 배로 증가하겠지요. 아이의 탐구정신이 발달해 성에 대한 책을 뒤적이고 인터넷을 검색하다가 성과 관련된 사진을 보게 되면, 아마도 너무나 자연스럽게 잘못된 성지식에 연결이 될 것입니다.

이 어머니의 속마음은 '창피함'일 뿐이지만, 아이는 인터넷을 통해 성 중독 고위험군 씨앗을 하나 마음에 뿌려 놓게 되는 것입니다.

모든 부모가 자기 자녀에게 성교육을 할 의무가 있습니다. 보다 어릴 때 하면 좋겠지요. 그렇다고 호기심도 없는 아이를 앉혀 놓고 성교육을 하라는 말은 아닙니다. 아이가 궁금하여 물어볼 때 그 호기심이 해결되는 부분만큼 해 주면 될 것입니다.

또 아이가 유치원이나 초등학교에 다닌다면 그 집단과 상호작용하는 데 필요한 성에 대한 지식과 예의를 이야기해 주는 것이 또래 관계를 순탄하게 할 수 있겠다는 생각을 합니다.

특히 청소년에게는 그 또래집단에서 지켜야 할 성문화나 가치관에 대해 미리 이야기를 해 주는 것이 꼭 필요합니다. 성에 대한 지식과 가치관이 없이 몸만 커 버린 아이들이 실수를 많이 하는데 그 실수는 여러 사람에게 치명적인 상처가 될 수 있으니 말입니다. 가장 쉽게 아이가 성에 대한 질문을 할 때 그 아이의 발달이 어느 정도에 와 있느냐에 따라서 그 답을 해야 하는 것이지요.

유치원이나 초등학교 1, 2학년의 아이는 유추하는 능력도 없으며, 자기중심적인 사고에서 아직 벗어나지 못했기 때문에 앞의 사례에서는 아이가 단지 엄마의 것과 자신의 것을 비교하려는 것이라고 봐야 합니다. 여기에 성적인 행위나 거기에서 얻어지는 쾌락을 떠올리는 것은 그 경험이 있는 어머니이기에 가능한 것이지 아이의 사고 체계로는 할 수 없습니다.

그러나 고등학생 아들이 어머니에게 성기를 보여 달라고 하는 것은 문제가 있지요. 고등학교에 다니는 정상적인 아이가 그런 질문을 하지는 않겠지만, 혹 발달이 미성숙하여 그와 같은 요청을 한다면 전문가의 도움을 받아야겠지요.

아이의 성가치관은 환경과 경험에서 왜곡되는 경향이 있지만, 잘못된 성지식에서도 유발될 수 있다는 것을 기억하면 도움이 될 것 같습니다.

실제로 외국의 성교육 현장에서는 거울을 보고 자기 성기를 그려 오는 숙제를 내준다거나, 현장에서 찰흙으로 자신의 성기 모양을 만드는 작업을 하며 성에 대한 가치 부여와 기능적인 교육을 병행하고 있기도 합니다.

더욱이 성에 관한 경험의 세계를 아직 상상하지 못하는 유아들에게는 그 궁금증을 해소시켜 주는 것이 오히려 쉽습니다. 괜히 어른들이 확대해서 생각하는 것이지요. 아이들이 궁금한 것은 대부분 생물학적 성이라는 것입니다.

간혹 특별히 성행위에 관심이 집중되어 있는 아이가 있을 수도 있습니다.

 보건교육 시간에 성교육 동영상을 보았다고 합니다. 매우 진지한 어조로 다른 것은 다 알겠는데 이해할 수 없는 게 딱 하나 남았다는 것입니다. 초등학교 3학년 남자아이였

는데,

"여자의 난자와 남자의 정자가 만나서 아기가 생기는 장면을 보았는데요. 정말 신기하고 놀라웠어요. 그런데 난자와 정자가 어떻게 만나는지 궁금해요."

라고 물었습니다. 어떻습니까? 어떻게 설명해 주시겠어요? 저는 물었습니다.

"그러면 넌, 난자와 정자가 만나서 아기가 만들어지면 그 아기가 어디에서 자라는지 알고 있니?"

"네, 엄마의 자궁에서 자라지요."

씩씩한 대답이었습니다.

"꽤 똑똑한데? 그럼 아기가 나중에 어디로 나오는지도 알겠네?"

아이는 고개를 갸웃거리며 물었습니다.

"자궁에서 밖으로 나오는 문이 있어요?"

"자궁으로 통하는 문이 없으면 어떻게 정자가 자궁까지 여행을 해서 난자를 만나 아기를 만들겠니?"

아이는 피식 웃으며,

"아~, 그럼 어떻게 정자를 자궁에 넣어 주는 거예요?"

아이는 눈동자를 더욱 반짝거리며 물었습니다.

"넌 어떻게 태어났어?"

"저도 우리 엄마의 자궁에서 자라서 태어났지요."

"그래, 그렇구나. 네 말이 맞아. 엄마랑 아빠랑 결혼해서 사랑을 하면, 아빠는 사랑으로 엄마 자궁에 정자를 넣어 주어 아기가 태어날 수 있도록 한단다. 이때 엄마는 아빠의 정자를 받아들이는 준비를 하지."

"그럼 아빠가 엄마한테 직접 넣어 주나요?"

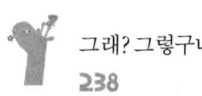

"그렇지, 아빠가 엄마에게 직접 넣어 주는 거지."
"어떻게 넣어 주지요?"
"아빠에게서 정자는 어디로 나올 수 있을까?"
아이는 피식 웃으며 재미있다는 표정입니다.
"고추요."
"맞아. 너, 소변 마려울 때 고추가 어떻게 달라지지?"
"커져요."
"그래, 커지고 단단해지지? 정자를 내보내야 할 때도 소변을 볼 때처럼 고추가 커지고 단단해져서 엄마의 자궁문으로 들어갈 수 있는 거야."
"아하, 그렇구나. 그런 거구나."
아이는 굉장한 사실을 알아냈다는 쾌감을 온몸으로 느끼는 것처럼 보였습니다.
"그래서 너도 네 몸을 잘 돌봐야 해. 한 생명을 탄생시킬 수 있는 정자가 네 몸에서 만들어질 거니까. 사랑하지도 않는 여자에게 너의 정자를 아무렇게나 넣어 주는 것은 별로 아름답지 못한 일 같은데 네 생각은 어떠니?"
"네, 그런 것 같아요."
잠시 후 밖에서 아이들이 뛰어노는 소리가 들려 쳐다보니 그 아이가 친구들과 정신없이 놀고 있는 모습이 보였습니다.

물론 이 아이는 인터넷에서 이미 성행위를 하는 장면을 보았을 수도 있습니다. 그러나 그 경험이 어떤 것인지 모르고 그 궁금증을 해결하지 못하면 호기심이 남아 있기 때문에 계속해서 그것을

9장 성교육

해결하기 위한 노력을 할 것입니다.

그러면 인터넷과 같은 매체를 통해 음란물에 쉽게 노출되고 심해지면 중독이 될 수도 있는 것입니다. 한번 중독되면 얼마나 끊기가 힘든지 경험해 본 사람들은 추측할 수 있을 거라 생각합니다.

저는 다음에 또 궁금한 것이 있을 때에는 아빠에게 물어보면 잘 대답해 줄 것이라고 일러 주었습니다.

자신의 아이가 이처럼 중요한 성교육을 인터넷에서 음란물을 찾아다니며 공부하기 원하는 부모는 없을 것입니다. 또한 크면 저절로 알게 된다는 말도 절대로 아이에게 해서는 안 될 말입니다. 어떻게 저절로 알게 된다는 것이지요? 경험을 해 봐서 저절로 알라는 것인지, 아니면 인터넷을 통해 음란물을 보면서 알게 되기를 원하는 것인지, 그것도 아니면 친구들에게 물어보라는 것인지 모르겠습니다.

우리의 생각부터 바꿔야 합니다. 아이와 성에 대한 이야기를 나눌 때 어머니는 아이의 나이로 돌아가 대화를 나누셔야 합니다. 다른 그 어떤 것보다 성에 대한 궁금증을 남겨 두어서는 안 된다는 것입니다.

지금 우리 문화는 인터넷 때문에 아이들이 성상품에 심각하게 노출되어 있습니다. 인터넷 성상품화에 대한 이야기도 청소년들에게는 꼭 주지시켜야 하는 주제입니다.

아름다운 성, 자유롭고 생각만 해도 행복한 성이 상품화되어 많은 부분 왜곡되어 있습니다. 그 부정성이 병리적 현상을 일으키는

단계에 놓여 있다는 사실에 대해 자연스럽게 아이들과 이야기를 나누라고 권하고 싶습니다.

또 성교육에 관해 민감하게 반응하는 어머니들이 간혹 있습니다. 어느 때는 하지 않아도 될 이야기까지 할 때가 있습니다. 모두 아이의 발달에 대한 무지에서 오는 실수라고 생각합니다. 그런 이유로 아이를 키우는 부모의 기본은 아이의 연령에 맞는 발달과정을 계속해서 숙지하는 것입니다.

 어느 날 다섯 살 된 아들이 엄마에게 다가와 물었습니다.

"엄마, 나 어디서 왔어?"

어머니는 갑자기 난처해졌습니다. 말을 돌리고 싶었지만, 적당한 변명거리가 생각나지 않았습니다.

마침 집에는 아이와 엄마 단 둘밖에 없었습니다. 어머니는 아이의 호기심을 풀어 주기로 결심했습니다.

거실로 가 나란히 앉아 어머니가 이야기를 시작합니다. 침착하지 못하고 당황한 상태였지만, 그래도 내색하지 않으려 애쓰며 최선을 다해 이야기를 했습니다.

한 마디도 하지 않고 듣기만 하고 있던 아들의 눈이 점점 동그래지는가 하면 더욱 반짝이는 것을 보며 어머니는 확인을 합니다.

"이해가 되니?" 하고 물으면 아이가 고개를 약간씩 끄덕거리는 것

9장 성교육

입니다.
 "알고 있던 얘기니?"라고 물으면 아이는 머리를 천천히 가로저으며 뚫어져라 어머니를 보면서 이야기를 듣고 있습니다.
 "이제 대답이 됐니?"
 아들은 우물쭈물하면서 대답합니다.
 "응, 나는 그냥, 있잖아……, 우리가 어디에서 왔냐고……. 작년에 우리 이사 오기 전에 말야. 전에 살던 동네 이름을 잊어버려서."

 어린아이(유아)의 질문은 대부분 단순합니다. 단순한 질문에는 단순한 대답이면 되는 것입니다. 다섯 살짜리 아이가 "아기는 어디에서 와?"라고 물으면,
 "엄마랑 아빠가 서로 사랑할 때 아기가 생길 수 있단다." 정도로 대답하면 되는 것입니다. 아이가 "어떻게?"라고 물으면 "아빠가 씨를 엄마에게 넣어 주었지." 또는 "아빠랑 엄마랑 사랑하는데 하나님이 선물로 주셨지."라고 하면 좋습니다.
 아이의 질문이 잦아지면 성교육 그림책을 함께 보는 것도 권할 만합니다.
 중요한 포인트를 정리하자면 이렇습니다. 어머니가 긍정적인 성의식과 태도를 가지고 있을 때 아이에게 올바른 성의식을 가르칠 수 있다는 것입니다. 성에 대한 기본지식이 있어야 하는 것도 너무나 당연한 일이겠지요. 그리고 어머니 자신이 성교육에 대한 기본적 원칙이 있어야 합니다. 성교육은 인간으로서 가장 기본적

인 욕구에 해당하는 교육인 동시에 관계 속에서 이루어지는 일이기 때문에 그렇습니다.

또한 성은 인격의 한 부분입니다. 따라서 아이가 평생을 어린 시절 만들어진 성격으로 인간관계를 맺고, 학교생활을 하고, 사회생활을 하고, 자기의 가정을 꾸려 가정생활을 다시 하기 위해서는 성교육이 중요합니다.

그래서 이 모든 일을 해내기 위해 무엇보다 소중한 것은 자녀와의 신뢰관계입니다. 성교육의 최고의 목표는 아이에게 적절한 시기에 눈높이에 맞는 교육을 하여 아이가 자라면서 겪게 될 성과 관련된 어려움을 슬기롭게 이겨 내게 하는 것입니다.

여기에 또 하나를 추가한다면 아이에게 성에 대한 좋은 느낌을 갖게 하여 이후 건강하고 아름다운 성생활을 할 수 있도록 하는 것입니다.

# *Relationship*

## 관계

# 관계

## 관계는 인간의 기본 리듬이다

삶을 한 단어로 표현해 보라고 누군가가 질문한다면 우리는 서슴없이 관계라고 대답하게 됩니다. 인성을 한 단어로 표현해 보라는 질문을 받는다 해도 역시 대답은 관계라고 할 수 있습니다. 또한 행복이란 무엇인가라는 질문을 받는다고 해도 역시 답은 편안하고 기분 좋은 관계에 대한 이야기를 할 것 같습니다.

이처럼 관계라는 것은 우리 삶의 모든 부분에 가장 중요하게 자리 잡고 있다는 것을 이야기하려 합니다.

인간이 가장 행복하게 살 수 있는 기본 리듬은 자율성을 가지고 생활하는 것입니다. 자율성을 소유했을 때만이 자기주도적인 방식으로 살아갈 수 있기 때문입니다.

그러나 얼마나 많은 사람이 진정한 자기의 모습이 아닌 거짓된 자기로 살아가고 있는지 모릅니다. 쉽게 말하면 자신의 모습은 감추어 버리고 다른 사람의 눈치를 보며 상대방이 원하는 일들을 하며 살아가고 있다는 것입니다.

정신분석에서는 이것을 '페르소나'라고 합니다. 가식적인 삶을 말하는 것이지요. 그렇기 때문에 무슨 일을 성취했다 해도 그리 즐겁지 않고, 기쁘다고 하더라도 잠시 잠깐이며, 또 기필코 해내고야 말겠다는 원대한 일들도 생각해 내지 못하는 것입니다.

자기주장이 누구보다 강하고 나르시시즘에 쉬 빠질 수 있는 청소년들 가운데에는 이와 같은 생활패턴 때문에 인간관계의 불편함을 호소하는 아이들이 많이 있습니다. 알고 지내는 친구들은 많지만 진정한 마음을 나눌 수 있는 친구는 사귀기 힘들다는 것입니다. 친구를 사귀려면 그들과 접촉하고 잘 어울려야 하는데 공동으로 무엇을 하는 것이 고통스럽기까지 하다는 청소년들이 적지 않습니다.

다른 사람들 틈에 끼어 있는 상황 자체가 너무 불편해서 적당히 이유를 대고 꼭 함께해야 하는 행사들에도 빠져 버린다는 것입니다.

또 친구를 사귀고 제법 친숙한 단계에 이르면 상대방이 자기에게 실망하여 자기를 싫어하게 될지도 모른다는 생각이 들어 불안하다는 아이도 있었습니다.

그보다 정도가 더 심해지면 공들여 사귄 친구가 자기를 먼저 멀리할까 봐 버림당하는 것이 싫어서 자기가 먼저 친구를 무시하고 절교한다는 표현을 하는 청소년들도 많습니다. 그런 자기를 잘 알면서도 그 일을 반복하고 있는 자기 모습이 너무 싫다는 것이지요.

세상의 모든 관계의 모태는 어머니와 자녀의 관계라고 할 수 있습니다. 어머니 대신 부모님이라 표현해도 좋을 듯합니다. 문제가 있는 아동이나 청소년, 성인들을 보면 가장 기본적인 부모님과의 관계가 부정적임이 곧 드러납니다.

세상에서 가장 쉽고 편안한 관계가 부모와 자식 간의 관계라고 할 수 있습니다. 그 속에는 사랑이라는 것이 있어서 우리가 잘 알고 노력만 한다면 가장 좋은 관계를 맺을 수 있는 장점이 있습니다.

그러나 한편으로 많은 문제 상황에서 부모 자식 관계가 세상 그 어떤 관계보다 험하고 최악인 경우도 목격하게 됩니다. 원수도 그런 원수지간이 따로 없습니다. 어떤 학생은 아버지가 너무 미워서 아버지를 죽이려고 부엌칼을 신문지에 싼 후 책상 밑에 두고 잠을 잔 적도 있다고 합니다. 정말 무서운 관계가 아닐 수 없습니다.

모든 부모는 자신의 자녀가 가정에서는 어떻든지 간에 세상에 나가서는 다른 사람들과 좋은 관계를 가지며 살기를 원할 것입니다. 우리의 자녀들이 사회에 나가 부딪히는 사람들과 좋은 관계를 맺기 원한다면 부모는 가정에서 자녀와의 관계를 먼저 회복해야 한다는 것을 기억해야 합니다.

앞서 언급했던 각종 관계의 문제들 중 대부분은 부모와의 관계가 좋아지면 저절로 좋아지는 것이며, 다른 문제들도 쉬 다루면 해결할 수 있는 사례들이었습니다.

관계에서도 역시 부모는 앞으로 우리의 자녀들이 만날 사람들의 예비 모형인 것입니다.

어린 시절 부모에게 무시당하고 억압당하며 자란 자녀들은 친구를 사귈 때 부모님에게 당했던 것처럼 친구에게 무시당하고 억압당할지도 모른다는 배경을 항상 가지고 있습니다. 그러므로 긍정적인 관계를 갖는 데 성공할 확률이 낮을 수밖에 없는 것입니다.

자녀가 드라마 속의 주인공처럼 인간관계에 성공하여 많은 친구를 사귀고 자율적인 삶을 살게 하고 싶은 부모들은 가정에서 자녀를 친구처럼 대해 주시면 좋겠다는 생각을 해 봅니다. 물론 부모의 모든 권위까지 친구의 단계로 내려놓으라는 것은 아닙니다.

우리가 살아가는 세상은 치열한 경쟁이 존재할 수밖에 없는 공간입니다. 가정을 영어로 '홈(home)'이라고 합니다. 야구경기장의 '홈'과 같습니다. 야구경기에서처럼 홈을 나가는 순간 우리가 만나는 사람들은 우리를 아웃시키려고만 합니다. 하루 종일 지치고 힘든 시간을 보내고 저녁이 되어서야 기진맥진한 모습으로 홈에 들어오는 자녀들에게 부모는 안전한 홈이 되도록 해야 합니다.

부모와 자녀 관계 속에 이와 같은 기본 배경이 있어야 자녀가 학교 혹은 사회에 나가서 인간관계를 맺을 때 만나는 모든 사람을 적으로 보는 것이 아니라 홈그라운드의 분위기에서 교제하는 관계로 볼 수 있게 되는 것입니다. 홈이 아닌 곳에서 홈그라운드의 분위기를 나눌 수 있는 상대가 많은 사람을 행복하게 하는 사람이며 성공할 수 있는 배경을 가진 사람이라 말할 수 있습니다.

그리고 바로 홈그라운드의 분위기를 공유할 수 있는 사람을 우

그래? 그렇구나!

리는 친구라 부릅니다. 그러므로 친구는 소중하고 없어서는 안 될 존재인 것이지요. 적진에서 가장 안전한 홈의 분위기를 느낄 수 있는 존재, 그것이 친구입니다.

## 친구

 세상에서 소문난 친구관계를 소개하려고 합니다.

다윗과 요나단이 바로 그 주인공입니다. 요나단의 아버지는 사울 왕이었습니다.

용감한 다윗은 나가는 전쟁에서 매번 승전을 하게 됩니다. 그런 다윗의 인기는 하늘을 찌를 기세입니다. 백성들은,

"사울이 죽인 자는 천천이요, 다윗이 죽인 자는 만만이라."라고 외쳤고, 백성들이 외치는 그 소리가 왕궁을 들썩이게 했습니다. 사울 왕은 이대로 그냥 두면 안 될 것 같다는 생각을 하며 다윗을 왕궁에 초대하여 여러 번 죽일 모의를 합니다.

요나단은 아버지의 계획을 알아차리고, 다윗에게 도망가라고 알려줍니다. 그 후 다윗과 요나단은 영원히 만날 수 없는 길을 걷게 되지만, 다윗에 대한 요나단의 사랑은 우리에게 큰 감동을 줍니다.

친구란 그런 것입니다.

친구란 자신을 대신해서 죽어 줄 만큼 사랑하는 관계여야 한다고 생각합니다. 부모가 자녀를 위해서 대신 목숨을 내어 줄 수 있을 만큼 사랑하는 것처럼 친구 또한 같은 맥락입니다.

다윗이 사울과의 전쟁에 승리하고 요나단의 전사 소식을 들었을 때 입고 있던 옷을 찢으며 통곡하는 장면과 왕이 된 다윗이 친구 요나단의 아들을 찾아내어 평생 왕의 식탁에서 함께 음식을 먹게 한 장면에서는 마음이 뜨거워지기까지 합니다.

왕의 후계자인 요나단은 왕위를 바라볼 수 있는 위치에 있었습니다. 그리고 요나단이 왕이 되고자 아버지의 뜻을 받들었다면 다윗과는 원수가 되었을 것입니다.

그러나 요나단은 '친구'를 선택합니다. 그 사랑에 목메어 부둥켜 안고 울며 다윗을 보낸 것입니다.

여러분에게 이와 같은 친구가 있느냐고 물을 때 어떤 대답을 할지 궁금합니다.

또 다른 우정으로 중국 제나라의 관중과 포숙아 이야기가 있습니다.

제나라의 왕 제 양공에게는 두 명의 남동생 규와 소백이 있었고 배다른 남매 문강이 있었습니다.

관중은 규의 스승이었고, 포숙아는 소백의 스승이었지요. 관중과 포숙아는 어려서부터 친구였는데, 관중은 뺀질거리는 스타일이어서 늘 말썽을 일으켰다고 합니다.

그때마다 포숙아는 '관중은 나중에 크게 될 인물이니까 욕을 먹고 매를 맞으면 안 된다.'고 하면서 관중 대신 나서서 벌을 받고 욕도 대신 먹어 주고 매를 맞아 주던 착한 친구였습니다.

그러던 어느 날 제 양공 살해를 사주한 양공의 사촌형이었던 무지의 폭정을 피해 관중은 규와 함께 노나라로, 포숙아는 소백과 함께 가까운 거나라로 도망을 가게 됩니다.

이후 폭정을 일삼던 무지가 살해당하고 왕 자리가 공석이 되자 '규'와 '소백'이 제나라의 왕 자리를 차지하기 위해 달리기 시합을 시작합니다.

왕 자리가 공석이므로 정통성 있는 두 명의 왕자 중 먼저 온 사람이 왕이 될 수 있는 것이었습니다. 물론 지리적으로 가까운 거나라에 있었던 소백이 더 유리했습니다.

위기를 느낀 관중은 규에게 따로 오라고 한 후 자기 혼자 말을 타고 포숙아와 소백을 따라갑니다. 그리고는 왕자인 소백에게 독을 바른 화살을 쏩니다. 화살이 소백의 허리띠 쇠 장식에 맞았지만 소백은 순간적인 기지를 발휘해 입술을 깨물어 거짓 피를 뿌리고 고꾸라집니다. 그 모습을 확인한 관중은 규와 함께 신이 나서 왕 자리를 차지하기 위해 오지만, 곧 상황을 깨닫고 분해 합니다. 이후 소백은 춘추오패 중 첫째 기록에 남은 제 환공이 되고, 화가 난 관중은 노나라의 군사를 빌려 전쟁을 일으키지만 포숙아의 전략에 패하고 맙니다.

관중은 포로가 되어 포숙아와 제 환공(소백) 앞에 끌려오게 됩니다. 여기에서 포숙아는 제 환공에게 관중은 위대한 재상이 될 인물이니

죽이지 말고 등용하라고 조언을 합니다. 이에 제 환공은 자신을 죽이려 했던 관중을 받아들여 재상으로 삼고 함께 위대한 정치를 펼치게 되지요. 훗날 관중은 포숙아에 대해 다음과 같이 말합니다.

"나를 낳아 준 이는 부모님이지만 나를 알아 준 이는 포숙아다. 나는 지난날 빈곤했을 때 포숙아와 동업으로 장사를 한 적이 있었다. 그 당시 이익금을 나눌 때 언제나 내가 더 차지했건만 포숙아는 나를 욕심쟁이라고 하지 않았다. 내가 더 빈곤함을 알고 있었기 때문이다. 또 나는 몇 차례나 벼슬길에 나갔다가 그만둔 일이 있는데 포숙아는 나보고 무능하다는 말을 하지 않았다. 내가 시운(時運)을 타지 못했음을 알고 있었기 때문이다. 또 나는 전쟁터에 나갈 때마다 도망을 쳤는데 포숙아는 나보고 겁쟁이라 하지 않았다. 나에게 노모가 있다는 것을 그는 알고 있었기 때문이다."

## 동반자적 관계

친구의 개념과는 조금 다르지만, 친구 못지않게 우리 인생에 성공의 전환점의 발판 역할을 해 주는 동반자적 관계에 대한 이야기를 해 볼까 합니다. 어쩌면 멀리 떨어져 있는 친구보다 자신의 필요를 절실히 채워 주는 사람일 수도 있습니다.

유명한 동반자적 관계는 죽는 날까지 상대를 위해 배려한 아름다운 관계로, 성공한 사람들 중에는 그 사람의 성공에 헌신적으로 공헌을 한 사람들이 있기 마련입니다.

우리는 관계 속에서 누군가를 위하여 헌신적인 역할을 할 수도 있고, 누군가의 헌신적인 공헌으로 세계적으로 성공을 하게 되는 행운을 누릴 수도 있습니다.

우리가 잘 아는 헬렌 켈러의 뒤에는 설리번 선생님이 있었고, 이율곡의 뒤에는 신사임당이 있었습니다. 그리고 트루먼 대통령에게는 조지 마셜이라는 조연이 있었습니다. 조지 마셜은 매우 재능 있고 헌신적이며, 많은 갈채를 받는 자신의 상관보다 뛰어난 능력을 가진 사람이었습니다. 제2차 세계대전 초기에 많은 저항을 무릅쓰고 미군을 재정비하였으며, 미국의 국무장관과 국방장관을 역임하면서 트루먼 대통령의 오른팔 역할을 하였습니다. 군인으로서 최초로 노벨 평화상을 수상한 세계의 영웅이기도 하였습니다.

트루먼과 처칠, 그리고 아이젠하워는 마셜에 대해 이렇게 말합니다.

"마셜, 그는 당대의 여러 지도자의 영웅이다."

간디의 말이 생각납니다.

'세상에는 두 가지 종류의 사람이 있다. 즉, 일을 하는 사람과 공이 돌아가는 사람이다. 그중 일을 하는 사람이 되도록 하라. 그곳에서는 경쟁이 그리 심하지 않다.'

아마도 마셜은 일에 목표를 둔 사람인 것 같습니다. 열심히 일하면서도 그 대가를 바라지 않은 사람입니다.

훌륭한 협력자들은 조명을 받을 때 품성이 그대로 드러납니다. 마셜이 은퇴하였을 때 한 제의를 받게 됩니다. 회고록을 쓰면 수

백만 달러를 주겠다는 것입니다. 그러나 마셜은 그 제의를 단호하게 거절합니다. 그 이유는 지난날의 유명한 인물들에게 해가 될까 염려되기 때문이었다고 합니다. 정말 멋진 사람이라는 생각이 듭니다.

물론 마셜과 같은 사람은 누가 자기의 리더일지라도 그렇게 했을 것입니다. 그러나 마셜과 같은 사람을 동반자로 갖는 사람들은 정해져 있지 않을까 하는 생각을 합니다. 마셜과 같은 존재를 품에 안을 배경이나 따뜻한 카리스마 또는 그 어떤 특별함이 있을 거라는 생각을 하는 것입니다.

그것은 아마 사람을 바라보는 눈이 아닐까 합니다. 트루먼에게는 마셜이 보였겠지요. 독특한 방법이겠지만, 인간관계라는 것은 일방적인 것이 아니기 때문에 분명 트루먼, 처칠, 아이젠하워는 그를 바라보는 독특한 눈이 있었을 것입니다.

# Chance

## 기회

# 기회

 이탈리아 어느 관광지에 가면 언덕 위의 작은 동굴 속 형상을 관람하는 패키지가 있다고 합니다.

많은 사람들이 한 계단 한 계단 올라가기 위해 줄을 서고, 차례를 기다리며 궁금증과 기대에 차 있는 모습입니다.

그런데 이상한 것은 동굴 속 형상을 들여다보고 돌아서는 사람들의 표정이 모두 비슷하다는 것입니다. 고개를 갸웃거리며 피식 웃으면서 모르겠다는 반응을 하고 내려오는 계단으로 발길을 돌리는 것입니다. 그런 사람들의 모습을 보면 볼수록 차례를 기다리는 사람들은 더욱 기대가 됩니다.

그 동굴 속 형상을 보고 반대편 계단을 따라 아래로 내려오면 그곳에 한 표지판이 있는데 이렇게 기록되어 있습니다.

'나는 과연 무엇인가?'

첫째, 나의 앞모습이 털복숭이인 까닭은 내가 사람들 앞으로 지나갈 때 사람들이 나를 잘 잡게 하기 위해서다.

둘째, 나의 뒷모습이 온통 대머리인 까닭은 내가 사람들 앞으로 지나가고 난 후에 나를 잘 잡지 못하게 하기 위해서다.

셋째, 나의 발등에 커다란 날개가 달려 있는 까닭은 내가 사람들 앞으로 지나갈 때 아주 빠른 속도로 날아가기 위해서다.

동굴 속에는 이 문제의 정답인 형상이 들어 있다고 합니다. 우리는 쉽게 짐작할 수 있습니다. 그것은 기회입니다.

이 이야기는 사실 여부가 중요한 것이 아니라 이 이야기를 통해 우리에게 말하려는 의도가 중요한 것이라는 생각이 듭니다.

신은 공평하여서 세상 모든 사람에게 기회를 균등히 배분해 두었다고 합니다. 단지 그 기회를 어떤 사람은 잘 잡고, 어떤 사람은 쉬 놓쳐 잡지 못하는 차이가 있을 뿐입니다.

우리는 모두 좋은 기회들이 다른 사람보다 자신에게 그리고 자신의 가족에게 더 많이 왔으면 좋겠다는 생각을 하며, 그런 바람을 가지고 소원을 빕니다.

그러나 기회는 소원을 많이 비는 순서대로 오는 것이 아니지요. 우리는 자녀들이 보다 기회를 잘 잡는 사람으로 성장하기를 바랍니다.

## 기회를 잘 잡는 방법이 있을까

기회는 항상 앞으로 와서 모든 사람의 정면에서 그 사람과 눈맞춤을 하고 돌아선 뒤 아주 빠른 속도로 날아가 버리는 것이 특징이지요.

그렇다면 이렇게 빠른 속도로 지나가는 기회를 잘 잡는 방법이 있을까요? 이제부터 그 방법에 대한 이야기를 나누려고 합니다.

세상을 자기 손바닥에 놓고 주물럭거릴 만큼의 영향력을 가진 사람들은 전 세계 인구의 4%라고 합니다. 이 사람들은 기회와 아주 친한 라이프 스타일이 뇌에 저장된 사람들이라고 하면 맞을 것 같습니다. 얼마나 기회를 잘 잡는지, 이 4%에 속하는 사람들은 먼 곳에서 오는 기회도 한눈에 알아봅니다. 이 4%의 사람들이 소위 말하는 세계를 좌지우지하는 글로벌 리더들입니다. 이 안에는 미국의 오바마 대통령과 반기문 유엔사무총장도 포함되어 있을 것입니다. 프란치스코 1세 로마 교황이나 빌게이츠가 포함될 수도 있을 것입니다.

이 4%의 사람들은 실력도 완벽하게 갖춘 사람들입니다.

주연배우에게 갑자기 사정이 생겨 얼떨결에 무대에 섰다가 하루아침에 스타가 된 사람들이 있습니다. 이 사람들이 운이 좋아서 스타가 되었을 것이라고 생각하는 사람들이 있을지도 모르겠습니다. 하지만 그것은 운이 아니라 그동안 보이지 않는 곳에서 홀로 외롭게 갈고닦은 실력을 선보일 기회가 왔을 때 그것을 잡은 것이라고 말하면 더 정확할 것 같습니다.

아마도 그 촬영장에는 수많은 조연이 있었을 것이고, 또 그 실력 역시 고만고만하게 갖추고 있지 않았을까 생각합니다.

하루아침에 조연에서 주연으로 단 한 번의 기회를 잡아 스타가 된다는 것이 쉬운 일이 아닌 것을 우리는 잘 압니다. 짐작해 보면 그 사람만의 독특한 개성이 있었을 것이고, 뼈아픈 연습과 훈련으로 갖춘 그만의 세계가 반드시 있었을 것입니다.

연습을 게을리하고 무대에 주인공으로 설 준비가 되어 있지 않았다면 아무리 많은 기회가 주어진다 해도 그 사람에게 그것은 기회가 되지 못했을 것이기 때문입니다. 물론 그런 조연들에게 주연의 기회는 주어지지 않았을 것입니다.

적당히 잘 익은 과일이 때가 되면 떨어지는 것과 같이 실력이 준비된 사람의 눈은 기회를 볼 수 있습니다. 아마도 그것은 자신감이 아닐까 생각합니다.

아이돌 그룹 '달샤벳'의 멤버 '비키'는 조연에서 주연으로 인생을 역전시킨 뮤지션 중 하나입니다. 백댄서로서 이름 없는 조연의 시간 동안에 훗날 주연의 꿈을 향하여 실력을 갈고닦은 인물입니다. 그녀는 백댄서로 다른 주연들의 무대를 빛내 주는 자기 역할에 그치지 않았던 것입니다. 가수 '서인영'의 백댄서 등 다양한 무대의 조연이었지만, 그 순간순간은 피나는 노력으로 공들인 시간이었다고 고백합니다.

이 밖에도 조연에서 주연으로 터닝할 수 있는 기회를 잡은 예는 우리 주변에서 쉽게 찾아볼 수 있습니다.

아주 중요한 사업 프로젝트를 브리핑하는 날이었는데, 발표하기로 한 사람에게 사정이 생겨 불참하게 되었습니다. 회사는 갑자기 아수라장이 되었습니다. 그 브리핑은 너무도 중요한 사업의 초두였고, 회사의 생사 여부가 달려 있는 막중한 일이었습니다. 담당자들이 당황하여 어찌할 줄을 모르고 있을 때 직원 하나가 한 사람을 추천하였습니다.

그 사람은 그 사업 프로젝트의 팀원도 아니었고, 그 부서의 일원도 아니었습니다. 단지 이 프로젝트와 관련한 일을 취미 삼아 즐기고 있다는 이유로 그 사람을 추천한 것이었습니다. 아마도 추천한 사람은 이 사업의 프로젝트를 준비하는 과정에서 많은 정보와 기술이 그 사람에게서 나왔다는 것을 알고 있었을 겁니다. 취미로 즐길 정도로 그 일에 대해 알고 있었던 그 사람이 얼마나 쉽고 자신감 있게 그 브리핑을 처리할 수 있었을지 우리는 가늠할 수 있습니다.

이처럼 이들의 특성은 자신의 앞으로 다가오는 기회들을 아주 여유 있게 자기 것으로 사용할 수 있다는 것입니다. 동시에 많은 기회를 만들어 내는 사람들이기도 하지요. 정말 부러운 사람들입니다.

다음은 기회를 놓치고 후회하며 사는 76%의 사람들인데, 이들은 기회가 자기 앞으로 바짝 다가선 순간에야 그것이 보인다는 것입니다. 그리고 이것이 자신의 인생에 어떻게 필요한 것인지 생각하는 틈에 그 기회는 등을 돌리며 급속한 속도로 날아가 버립니다. 그 뒷모습이 온통 대머리이기 때문에 돌아서는 그 순간에 아무리 잡으려 해도 미끄러워 잡을 수가 없는 것입니다. 또 이들은 기회가 자기 앞에 가까이 다가와도 알아보지 못합니다. 기회가 자신을 지명해 자신의 앞으로 다가와 코앞에 있어도 예사로 보고 그저 자기 할 일만 열심히 하면서 시간을 다 보낸 후 지쳐 돌아서면 그때 날아가는 기회의 뒷모습을 보고 무릎을 치며,

"애고 애고, 저것이 내 기회였는데…….″라고 한탄을 합니다. 실로 애석한 일이 아닐 수 없습니다.

이 사람들의 특성은 기회가 아무리 자신의 앞으로 지나간다 해도 그것을 바라볼 수 있는 안목을 가지지 못했다는 것입니다. 그래서 그 좋은 기회들을 다 날려 버립니다. 그리고는 종종 과거를 생각하면서 후회하고, 안타까워 마음을 태웁니다. 이 76%의 사람들은 나름대로 그 안에서 서열다툼을 하며, 4%의 리더들을 위해 일하면서 살아가는 것입니다.

마지막으로 20%의 사람들이 있는데, 기회와 아무 상관 없이 살아가는 사람들입니다. 냉혹하고 치열한 경쟁사회를 생각하면 적지 않은 수가 기회와 상관 없이 생활해 나가고 있는 것입니다. 이 안에 포함된 사람들은 태어날 때부터 기회를 자신의 의지로 사용할 수 없는 뇌기능 장애인이나 출가하여 세상사와 전혀 상관 없이 도를 닦는 수도사 등입니다. 그리고 '세상아, 너는 너대로 돌아가라, 나는 내 소신대로 산다.'라고 생각하며 초로에 묻혀 원시적으로 살아가는

사람들을 포함할 수도 있겠습니다.

인생을 살아가는 행복지수가 어느 부류에서 높은지를 따져 보자는 것이 아니라, 미래지향적인 목표를 가지고 행복을 추구하는 삶을 살아가고자 할 때 기회는 우리의 목표를 연결해 주는 고리 역할을 하기 때문에 중요하다는 이야기를 하고 싶은 것입니다.

## 기회는 어디서 만들어질까

그렇다면 기회는 어디서 만들어질까요? 기회의 생산지는 외부가 될 수도 있고, 내부가 될 수도 있습니다.

옛날 사람들은 대부분 기회를 스스로 만들었고, 그렇게 교육받아 왔습니다.

그러나 현대사회는 글로벌 네트워크 사회로 혼자 살 수 없는 조직사회라고 해도 무리가 없습니다. 혼자 기회를 만드는 것은 매우 어려운 일이며, 시간도 많이 투자해야 합니다.

아마도 혼자 기회를 만들려는 사람들은 외부의 정보 없이 자신만의 실력과 노력으로 많은 시간 동안 연구한다거나 실험하여 어떤 성과를 내야 기회를 잡을 수 있는 일들을 하는 부류일 것입니다.

현대를 살아가는 우리는 넘쳐 나는 정보의 홍수 속에 살고 있으며 시간을 돈과 똑같이 계산하는 세상을 살아가고 있습니다. 자기 혼자 해야 성공하는 일보다는 함께해야 성공할 수 있는 시스템 속에 있다는 것을 상기해야 합니다.

기회와 관련하여 다른 사람들과는 다른 특별한 예를 하나 소개할까 합니다.

어느 날 전화가 한 통 걸려 옵니다. 전에 강의했던, 혹은 일과 관련하여 만났던 담당자의 전화입니다.

"선생님, 이번에 이런 사업이 있는데 선생님이 갑자기 생각나서 전화했습니다."

"아, 그러세요? 주위에 훌륭하신 분들도 많이 계실 텐데 저를 생각해 주셔서 감사합니다. 근데, 무슨 일이세요? 제가 도움이 될 수 있는 일이면 열심히 도와 드리겠습니다."

"전에 선생님과 한 일과는 조금 다르지만 선생님이라면 하실 수 있을 것 같아 의논 드리려 합니다……."

"네, 저는 그 일을 해 보지는 않았지만 제가 할 수 있다고 생각하셨다니 열심히 노력해서 은혜에 보답하겠습니다. 감사합니다."

어찌 보면 전문성이 없어 보일 수도 있습니다. 그러나 다가오는 기회의 대부분은 이와 흡사한 경우가 많을 것입니다.

자신이 스스로를 평가할 때는 과소평가하는 경우가 많습니다. 주관적이기 때문에 더욱 그렇지요. 그러나 타인이 자기를 평가해 줄 때는 객관적으로 평가하기 때문에 보다 현실적이고 정확하다고 생각합니다. 어떤 형식으로든 그 사람이 자신을 평가했고, 자신이 그 일을 해낼 수 있다고 생각했기 때문에 그 일을 맡겼을 것이라는 생각입니다. 그렇기 때문에 전혀 해 보지 못한 일을 부탁받았을 때 '난 그 일을 해 본 적이 없어서 잘 못할 거야.' 라고 생각하는 대신 '그 사람이 내가 이 일을 잘 해낼 수 있다고 생각해서 내게 일을 맡긴 거니까 난 분명 잘할 수 있어.' 라고 생각하는 것입니다.

전혀 해 보지 않은 일이라 해도 지금 자신이 하고 있는 일과 연결된 일들이지 전혀 관련 없는 일들은 아니었던 경우가 많습니다. 그 일과 관련된 논문을 찾고, 정보를 구하고, 동료들에게 자료를 요청하는 등 열심을 다해 그 일을 계획하고 준비하면 그 일을 해낼 수 있습니다. 열심을 다해서 계획하고 준비하는 일이 실패하는 경우는 많지 않을 것이라 생각합니다. 그러면서 자신을 업그레이드해 나갈 수 있는 것입니다.

기회란 이렇게 외부에서 올 때가 더 많습니다. 그리고 외부에서 오는 기회를 잡는 것이 더 쉽습니다. 물론 안전성은 떨어집니다. 왜냐하면 자신이 연구하고 실험하여 안전성을 거친 일들이 아닌 경우가 많기 때문입니다.

그러나 그것은 주관적인 생각이며, 자신에게 기회를 제공하는 사람들은 이미 나에게서 그 어떤 모습을 보고 실험하고 평가한 후 기회를 주는 것이기 때문에 오히려 자신이 어떻게 그것을 받아들이느냐가 더 큰 문제인 것입니다.

## 자녀들이 좋아하는 일을 하게 하라

그렇다면 우리는 자녀들을 어떻게 기회를 잘 볼 수 있는 아이로 키울 수 있을까요?

우선, 자녀들이 좋아하는 일을 하게 하는 것입니다. 그 이유는 어떤 일을 하게 되든 그 일을 준비하고 계획하고 실행해 나갈 때 망설이지 않는 자신감을 소유할 수 있기 때문입니다.

자기가 좋아하는 일을 할 때 모든 사람은 지치지 않으며, 더 잘 하려는 미래지향적인 설계를 할 수 있습니다. 그리고 혹, 자기가 하던 일이 다른 환경이나 변수에 의해 걸림돌을 만나더라도 그것을 견뎌 나갈 에너지를 상실하지 않게 됩니다.

다른 사람은 어렵게 하는데 자신은 쉽게 할 수 있기 때문에 그 성과가 큽니다. 좋아하는 일을 하기 때문에 늘 행복하고 여유가 있습니다.

하지만 자녀들이 좋아하는 일을 어떻게 찾아 줄 것인가? 반복하지만, 유아기 때 자녀가 집착하며 고집하는 놀이나 학습 영역들을 주의 깊게 살펴보라 말하고 싶습니다. 그것이 설령 부모 마음에 들지 않는다 하더라도 그 싹을 자르지 말기 바랍니다. 부모들의 눈에는 그것이 보잘것없을지라도 얼마나 많은 일이 서로 연결되어 있는지는 알 수 없는 것입니다.

아이가 요리에 관심이 있다고 하면 부모들은 '기껏해야 호텔 요리사나 식당 주인이 되겠구나.' 라고 생각하는데 이것은 틀리다는 것입니다. 호텔 요리사뿐만 아니라 호텔 대표도 될 수 있고, 선진 외국의 대학교수도 될 수 있으며, 전 세계에 내로라하는 외식사업의 선두주자가 될 수도 있습니다. 또 요리는 과학과 통하기 때문에 그 분야의 과학자가 될 수도 있는 것입니다. 우리는 방대하고 다양한 정보나 지식 중에 극히 일부만을 알고 있다는 사실을 간과해서는 안 됩니다.

G세대의 특징이 있다면 현실에 없는 공간에서 환상이 아닌 미래를 창출해 내고, 미치도록 그것에 빠져 즐기며, 생산적인 무언가를 위해 자신을 올인(All in)할 수 있다는 점입니다.

아이들은 재미있고 자신 있는 일을 할 때 집중할 수 있으며, 그것과 닮은 여러 기회가 제시될 때 그 모험에 과감히 도전할 수 있게 됩니다.

## 하고 있는 일을 공동체와 함께 나누라

다음은 자녀가 즐겨 하고 있는 일을 혼자 하게 하는 것이 아니라 동아리나 여러 학습공동체와 함께 나누게 하라는 것입니다.

옛날에는 한 우물만 끝까지 파면 먹고살 수 있었습니다. 그러나 현대사회는 네트워크를 무시해서는 곤란합니다. 한 우물만 끝까지 파면 먹고사는 것에 그칩니다. 우리는 더불어 상생하는 사회를 원합니다. 리더들은 서로 윈윈(Win-Win) 할 수 있는 것을 취하여 최고의 결과를 낳습니다. 성공하는 사람들은 자신이 하는 일을 가능한 많은 사람에게 알리는 특성이 있습니다. 이것은 기회를 알아볼 수 있는 아이로 교육시키는 방법이 됩니다. 아무리 즐기며 잘하는 것이 있다 하더라도 자기 혼자만 잘하는 것이 좋기 때문에 아무에게도 알리지 않고 하는 것은 자신에게 올 수 있는 더 많은 기회를 더 오지 못하게 하는 행동이 될 것입니다.

자녀가 속해 있는 집단의 사람들에게 자녀의 특기나 흥미를 될 수 있는 대로 알리면 그 사람들이 다양한 정보와 기회를 연결해 주는 통로가 되는 예가 많습니다.

기회를 알아보는 눈이 있고 그 기회를 자신의 것으로 잘 잡아 사용하는 사람들은 나무보다는 숲을 보는 사람들입니다. 눈앞의 작은 이익을 위해서 전체를 놓치는 일이 없도록 작은 일들을 진실되게 처리하는 방법을 가르쳐야 합니다.

그것은 마치 어린아이가 해변가에서 하는 놀이와 같습니다. 작은 손에 모래를 가득 채웠다가 다시 조금씩 쏟아 버리는, 그래서 한 알의 모래도 손에 남아 있지 않을 때까지 기다리는 것을 흥미롭게 다룰 줄 알아야 합니다.

기회는 위험이라는 상자 안에 포장되어 우리 앞으로 맹수처럼 달려들 듯 다가오고, 4%의 사람들은 작은 열쇠 하나로 어마어마한 대문을 여는 것처럼 아주 쉽게 기회를 잡아 주머니에 넣습니다. 기회라는 거대한 문을 여는 작은 열쇠를 진실되게 문제를 처리하는 능력에 비유하면 어떨지 모르겠습니다. 처신하기 곤란한 문제를 만났을 때 함부로 행동하기보다는 기회를 기다려 대처해야 하는 것은 매우 중요한 일입니다.

# Dream

꿈

# 꿈

## 꿈은 이루고자 하는 하나의 계획이다

　꿈이란 자신이 실현하고 싶은 희망이나 이상을 말합니다. 비전(vision)이라는 단어와 비슷한 의미로 사용되지요.

　꿈을 꾸는 사람을 만나면 그의 정신세계가 살아있는 느낌을 받고, 생활에서 미래지향적인 자극을 받게 될 때가 종종 있습니다. 꿈은 이루고자 하는 하나의 계획이며, 고차원적인 생각입니다. 그래서 우리는 꿈을 꾸는 사람들을 가치 있는 삶을 추구하는 사람이라 부릅니다.

　꿈이라는 단어는 한 글자의 외마디 표현의 모양새를 취하고 있으나 그 깊이는 아무도 도달할 수 없는 해저의 세계에서부터 시작하며, 그 높이는 무엇도 쏘아 올릴 수 없는 어린 왕자의 B-612 행성과 같다 하겠습니다. 때문에 이 세상 많은 사람이 모두 꿈을 꾼다 해도 그 깊이와 높이는 다를 수밖에 없는 것입니다. 꿈의 공간에서는 깊이와 높이를 측량할 수 없으며, 끝이 없다는 표현을 다양하게 사용

할 수 있습니다.

 꿈을 가지고 인생을 살아가는 것은 매순간 가슴을 설레게 합니다. 꿈을 발견한다는 것만으로도 그것은 기적처럼 멋진 일이기 때문입니다. 따라서 부모들은 자녀의 가슴에 꿈과 희망을 심어 주고 싶어 합니다.

 전 세계가 사랑하는 테너 가수 엔리코 카루소가 어릴 때의 이야기입니다. 음악가를 꿈꾸던 카루소는 어느 날 음악선생님을 찾아가 노래를 선보이게 됩니다.

 "그런 목소리로는 좋은 노래를 부를 수 없다. 좋은 가수가 될 수 있는 목소리가 아니야. 아쉽지만 노래에 대한 꿈을 접고, 다른 일을 찾아보는 게 더 좋겠다."

 그 음악선생님은 전문가였고 소년의 재능을 정확히 파악하여 말해 주었습니다. 전문가로서 숨겨진 재능을 가지고 있는 제자에게는 그 재능을 발견하도록 이끌어 주고, 엉뚱한 환상과 기대를 가지고 꿈을 꾸고 있는 제자에게는 냉정하게 말해 주어야 한다고 생각했을 것입니다.

그 말을 들은 카루소의 가슴은 무너지는 것 같았습니다. 지금까지 혼자 속으로만 노래에 대한 열정을 가지고 설레는 마음을 품어 오다가 용기를 낸 것이었기 때문이지요.

카루소는 노래가 너무 좋아서 하루 종일 노래를 생각하며 지내는 아이였거든요. 아무도 없는 곳에서 목청을 가다듬어 다른 가수들의 노래를 흉내 내어 부르기도 하고, 길을 갈 때 흥얼흥얼 노래에 맞추어 걷기도 하고, 어느 날은 무대에서 노래를 부르고 있는 꿈을 꾸기도 하는 정말 노래를 사랑하는 아이였습니다.

그런 카루소의 노래를 단 한번 들어 보고 음악선생님은 카루소의 목소리는 가수가 되기에 적합하지 않다는 판정을 내렸던 것입니다. 카루소의 마음이 어땠을 거라고 생각하나요?

우리는 세상을 살아가면서 진로에 대한 꿈을 위하여 전문가들에게 묻습니다. 자신이 하고 싶은 일이 정말 스스로 실현할 수 있는 일인지 의심을 갖기 때문이지요. 확실한 미래의 그림이 그려지지 않으니 재능을 살릴 것인지 다른 재능을 찾아볼 것인지 확신할 수가 없는 것입니다.

자신이 정말 좋아하고, 하면 신나고 행복한 일이라면 그것은 의심할 바가 없는 꿈임에 틀림없다고 생각합니다.

선생님으로부터 부정적인 판단을 들은 카루소의 그다음 행동은

12장 꿈

보통 사람들과 달랐습니다. 그 부정적인 충고에 굴하지 않았지요. 그 충고에 따라 노래를 그만두려 했으나 마음속에서 끊임없이 그럴 수 없다는 말이 들려온 것이었습니다. 그만큼 노래를 사랑했기 때문이겠지요.

카루소는 마음을 돌릴 수가 없었기 때문에 더욱더 많이 노력했습니다. 마음을 다해 노래를 부르고 또 불렀습니다. 노래에 대한 사랑과 열정을 몇 배 더 키워 나갔습니다. 그런 노력은 그의 목소리를 아름답게 다듬어 주었고 세계가 사랑하는 목소리의 주인공으로 만들어 주었던 것입니다.

### 꿈과 단순한 취미를 어떻게 구별할 수 있을까

그렇다면 꿈과 단순한 취미를 어떻게 구별할 수 있을까요? 우리가 자녀들에게 재능이 있다고 생각하는 것을 하면 좋다거나 그것이 즐겁다거나 그것으로 인해 편안한 느낌이 드는 정도라면 취미라 할 수 있을 것입니다.

그러나 꿈은 '나는 그것을 꼭 하고 싶다. 나는 꼭 그렇게 되기를 원한다. 반드시 그런 사람이 되고 싶다.'는 갈망이 있어야만 합니다. 갈망을 다르게 표현하면 열정이라고 할 수 있을 것입니다. 그리고 인생에 걸쳐 지속적으로 하고 싶은 것을 꿈이라 할 수 있습니다.

자신이 간절히 원하는 일이 무엇인지 늘 고민하고, 자신을 관찰하고 또 관찰하면서 정확하게 자신이 잘할 수 있는 일과 간절히 하고 싶은 일을 생각해 보았으면 합니다. 순간적인 충동이나 기대를 피하고 자신의 가슴이 진정 열망하는 것을 발견하기 위해 애써야 합니다. 카루소에게 노래는 '평생토록 함께하고 싶은 연인을 사랑하듯이 사랑하는 그 무엇' 이었다고 합니다.

분명한 것은 꿈이란 꿈을 꾸는 사람의 가슴을 설레게 하고, 기가 죽은 사람에게 에너지를 느끼게 하며, 바라보는 이로 하여금 살아 움직이고 있는 생동감을 얻게 하는 매력을 소유하고 있는 것 같습니다. 그래서 아무리 작은 어린아이라 할지라도 꿈을 꾸는 사람의 눈에서는 빛이 납니다. 그래서 우리는 꿈을 꾸는 사람을 무시할 수 없는 것입니다.

어린 시절에는 많은 꿈을 꿉니다. 유치원을 다닐 때는 유치원 원장이 되는 꿈을 꾸고, 초등학교를 다니면서는 초등학교 선생님이 되는 꿈을 열망하기도 하지요. 그러다 중학교, 고등학교에 가서는 작가가 되는 꿈을 꾸기도 합니다. 아이를 키우는 부모가 되어서는 뒤늦은 공부를 하기도 하고 제2의 꿈을 이루기 위하여 보다 경제적이고 현실적인 꿈을 그리기도 합니다.

상담을 공부하며 전문상담사를 꿈꾸고 있는 사람이 '상담' 이라는 단어만 들어도 가슴이 설레고 전율을 느낀다면 어떻겠습니까? 주위에서 일어나는 모든 일을 상담과 관련하여 생각하며 하루 일과를 보낼 것이라 짐작이 됩니다. 아마도 이 사람은 자신이 상담을 하고 있는 꿈을 꾸기도 할 것입니다.

비전을 갖는다는 것이 삶을 얼마나 가치 있게 만들어 주는지 모릅니다. 삶의 공식이 바뀌고 삶의 나침반이 마음속에 항상 존재하여 자신이 나아가야 할 방향을 분명히 알게 됩니다. 그래서 꿈을 꾸지 않는 다른 사람들보다 쉽고 편하게 하루하루를 보내게 되는 것 같습니다.

지금 자신의 자녀가 곁에 있다면 아이에게 질문해 보시기 바랍니다.

"얘야, 너는 꿈이 있니?"

우리의 자녀가 서슴없이 꿈에 대한 이야기를 한다면 정말 좋겠습니다. 아마도 꿈이 있는 아이는 얼굴에 홍조를 띠고 약간 흥분한 어조로 말할 것입니다. 반짝이는 두 눈동자로 어머니를 바라보며 자신이 되고 싶은 것들, 이루고 싶은 일들을 가장 재미있는 책장을 펼치듯이 그렇게 이야기할 것입니다.

### 자녀가 꿈을 꾸게 하는 것 또한 부모의 몫이다

자녀가 꿈을 꾸게 하는 것 또한 부모의 몫입니다. 유아기와 아동기의 자녀들은 되고 싶은 것도 많고 하고 싶은 일도 수없이 많아야 합니다. 그러나 요즘 아이들에게 '하고 싶은 것이 있느냐?', '되고 싶은 것은 무엇이냐?' 등의 질문을 하면 많은 아이가 대답을 하지 못하는 것을 경험합니다.

그 아이들의 눈빛에는 힘이 없고 어깨는 풀려 온몸에 생기가 다 빠져나간 듯 보입니다. 세상을 다 산 사람의 모습처럼 느껴집니

그래? 그렇구나!

다. 얼마나 안쓰럽고 가슴이 아픈지 모릅니다.

　이런 아이와 조금만 더 이야기를 나눈다면 부모가 아이의 꿈을 묵살해 버렸거나 부모 자신의 꿈을 세팅해서 아이의 두뇌에 각인시켰다는 것을 곧 발견하게 됩니다.

　초등학교에서 자아성장 집단상담프로그램을 할 때 꿈에 대한 질문을 하는데, 활동지에 두 가지 꿈을 기록하게 합니다. 왼쪽 칸에는 '부모님이 원하시는 나의 꿈', 오른쪽에는 '내가 원하는 나의 꿈' 입니다.

　초등학생들은 미래에 대한 꿈이 무엇이냐는 질문을 하면 보통 부모가 원하는 꿈을 이야기하곤 합니다. 수많은 아이를 만났지만, 요즘 아이들에게서는 하고 싶은 것에 대한 열정과 되고 싶은 것에 대한 기대를 찾아보기 힘듭니다.

　그 이유를 짐작해 보건대, 그것은 우리 부모들이 자녀의 개성을 인정하지 않고 무조건 좋은 대학에 들어가는 것을 자녀의 생의 목표로 정해 놓은 것 때문이 아닐까 합니다. 그러니 자녀들은 자신의 인생을 스스로 계획할 수도, 꿈을 꿀 수도 없는 것이 아닐까 하고 짐작하는 것입니다.

　아이들만 꿈을 꾸는 것이 아닙니다. 세계적인 베스트셀러 〈해리포터 시리즈〉의 조앤 롤링은 대학에서 불문학을 전공한 후 비서로 취직을 하였으나 "너는 정말 제대로 하는 게 하나도 없어."라는 말을 듣고는 해고를 당합니다. 롤링은 열심히 했지만 맡은 책임을 제대로 완수하지 못해 상사는 그녀를 무능한 사람으로 보았습니다. 또 결혼도 하였으나 그 생활은 순탄하지 못했고 결국 이혼까지 하게 됩니다.

아무리 열심히 해도 이상할 정도로 성과가 없다면 그것은 자신과 맞지 않는 일일 가능성이 높습니다. 물고기가 큰물을 만나는 것이 꿈을 발견하는 것이라면, 도저히 자신과 맞지 않는 일을 하는 것은 썰물에 물이 다 빠져나가 버린 갯벌에서 발버둥치고 있는 물고기의 모습으로 비유해 볼 수 있습니다.

롤링은 자신의 어린 시절을 이렇게 말합니다.

"우리 집 안은 온통 책으로 뒤덮여 있었고, 나의 부모님은 끊임없이 번갈아 가며 책을 읽어 주셨어요."

어릴 때부터 롤링은 감성이 풍부한 환경에서 환상적인 세계를 꿈꾸며 자랐습니다. 무한한 상상력과 공상 속에 존재하면서 여섯 살 때 토끼에 대한 동화를 지어내어 주변 사람들에게 들려주기도 했습니다.

롤링은 펜을 다시 들기 시작하면서 자신의 전부를 쏟아 부었다고 말합니다. 모든 것에 실패하고 정부 보조금으로 최소한의 생계만을 유지하며 살던 그녀가 뒤늦게 자신의 존재 이유를 발견한 것입니다. 1999년 『해리포터와 마법사의 돌』이 세상에 나오자 롤링은 백만장자가 되었습니다. 그리고 그녀는 세계적인 경제 잡지 〈포브스〉가 선정한 '세계에서 가장 영향력 있는 여성' 40위를 차지하게 되었습니다. 그녀는 이렇게 말합니다.

"저는 정말 특별히 운이 좋은 사람입니다. 제가 세상에서 가장 사랑하는 일을 하니까요. 저는 언제나 작가로 남아 있을 것입니다."

## 꿈이 있다는 것은 특별하다는 의미다

꿈이 있다는 것은 특별하다는 의미가 되기도 합니다. 우리는 일상생활에서 여전히 실수를 하며 살아가지만, 구체적인 꿈이나 계획을 가지고 산다는 것은 자신에 대해 깊이 생각하고 미래를 고민해 보았다는 증거가 됩니다.

꿈은 생각하는 것이 아니라 가슴에 그리는 것입니다.

세계적인 호텔 사업가 콘래드 힐튼은 호텔 종업원에서 시작하여 '힐튼 호텔'의 창업자가 된 사람입니다. 그는 성공 비결을 묻는 질문에 다음과 같이 대답하였습니다.

"내가 호텔 종업원으로 일할 때 나보다 뛰어난 사람은 얼마든지 있었지요. 그러나 그들은 나처럼 하루도 빠짐없이 자신의 미래를 생생하게 그리지는 않았어요."

그는 '언젠가 이 호텔은 내 것이 될 거야.'라고 다짐하며 매일같이 자신의 목표를 가슴에 새기고 또 새겼다 합니다. 남들이 하찮게 생각하는 허드렛일을 하더라도 그 가슴속에 어떤 그림이 그려져 있느냐에 따라서 모든 상황에서 주연배우로 살게 될 수도 있는 것입니다. 콘래드 힐튼 역시 자신의 꿈이 호텔의 주인이 되는 것이었기 때문에 종업원으로 일할 때에도 자신이 경영하는 것처럼 일할 수 있었던 것입니다.

꿈을 실현하기 위해서는 몰입과 집중, 그리고 지속적인 훈련이 필요합니다. 갓난아기가 처음 기는 연습을 하는 모습을 생각해 보면 쉬울 것 같습니다. 누워 있다가 어느 날 갑자기 '짠' 하고 기어 다니는 아기는 결코 없습니다. 기어 다니기 훨씬 전부터 엎드려 잠만 자던 곳에서 머리를 드는 연습을 먼저 하고, 팔을 바닥에 붙이고 몸을 밀어 보며, 그것이 능숙하게 잘 될 때 다리에 힘을 주어 앞으로 기는 연습을 합니다. 길 수 있는 그날까지 수도 없이 반복할 때 팔과 다리에 근육이 붙고 비로소 아기는 기어 다닐 수 있게 되는 것입니다.

신체적 결함이 있는 사람을 제외하고 정상적인 사람이라면 누구든 걸음마의 과정을 거쳐 걷고 뛰어다니게 됩니다. 어린아이가 처음 걸음마 연습을 할 때는 셀 수도 없이 많은 엉덩방아를 찧으면서 일어나서 넘어지고, 또 일어나서 넘어지는 과정을 되풀이합니다. 주위에 있던 할머니와 할아버지가 안타까워 말씀하십니다.

"저 엉덩이 남아나지 않겠네."

그러나 할아버지와 할머니의 얼굴에는 미소가 번집니다. 어린아이의 기기와 걷기의 과정에서 우리는 인생의 심오한 교훈을 되새길 필요가 있습니다. 누가 잡아 주지 않아도 아이는 걷게 되는 그날까지 엉덩방아를 찧고 넘어지기를 반복하면서 한 발 두 발 걷기에 성공하게 되는 것입니다.

아기가 걸음마 연습을 할 때 넘어지는 것을 그 누구도 실수라고 하지 않습니다. 우리는 그것을 과정이라고 합니다. 우리의 자녀들이 자신만의 꿈을 찾아내어 그 꿈을 진심으로 사랑하고 그 꿈을 이루기 위해 노력하는 과정 그 자체를 즐기게 되기를 바랍니다.

그래? 그렇구나!

# 참고 문헌

문미화, 민병훈(2002). 엄마와 함께 하는 유태인교육 아빠와 함께 하는 몬테소리 교육. 서울: 아이디북.
박은몽(2008). 청소년을 위한 시크릿. 파주: 살림FRIENDS.
배웅준 역(2002). 귀한 자식일수록 회초리를 들라[The Strong-Willed Child: birth through adolescence]. Dobson, J. C. 저. 서울: 규장문화사. (원저는 1992년에 출판)
이시백(2003). 성교육 이론과 실제. 서울: 서울대학교출판부.
임영주(2006). 유아언어교육의 이론과 실제(개정판). 경기: 창조문화.

### 저자 소개

**차명호**
현 평택대학교 교수, 평택대학교 피어선 심리상담원 원장
전 교육과학기술부 정책보좌관
    한국학습상담 학회장, (사)한국군상담 학회장

**이로미**
현 마음·COM 심리상담연구소 소장
    교류분석 전문가, 미술치료 전문가, 부모교육 전문가, 동화작가

---

### 그래? 그렇구나!
### 심리학으로 알게 되는 우리 아이 속마음

2013년 11월 25일 1판 1쇄 인쇄
2013년 11월 30일 1판 1쇄 발행

지은이 • 차명호 · 이로미
펴낸이 • 김진환
펴낸곳 • (주) **학지사**

121-837 서울특별시 마포구 서교동 352-29 마인드월드빌딩 5층
대표전화 • 02)330-5114    팩스 • 02)324-2345
등록번호 • 제313-2006-000265호

홈페이지 • http://www.hakjisa.co.kr
커뮤니티 • http://cafe.naver.com/hakjisa

ISBN 978-89-997-0234-1 13590

정가 13,000원

저자와의 협약으로 인지는 생략합니다.
파본은 구입처에서 교환해 드립니다.

이 책을 무단 전재 또는 복제 행위 시 저작권법에 따라 처벌을 받게 됩니다.

인터넷 학술논문 원문 서비스 **뉴논문** www.newnonmun.com

이 도서의 국립중앙도서관 출판시도서목록(CIP)은 서지정보유통지원시스템 홈페이지(http://seoji.nl.go.kr)와 국가자료공동목록시스템(http://www.nl.go.kr/kolisnet)에서 이용하실 수 있습니다.
(CIP제어번호: CIP2013021276)